LaVergne, TN USA
24 February 2010

174047LV00001B/77/A

Hebrew Reading and Writing

Self Taught

Includes:

Reading Printed Script
Reading Without Vowels
Reading and Writing Cursive Script
Answer Key

Fern Margolis

Ph.D., Near Eastern Languages and Literatures
University of California, Los Angeles

Ed.D., Curriculum, Instruction and Policy
University of California, Los Angeles

ISBN: 0-7596-7245-8 (e-book)
ISBN: 0-7596-7246-6 (Paperback)

This book is printed on acid free paper.

1stBooks – rev. 08/18/03

To Mayer

Table of Contents

HOW TO USE THIS BOOK

READING SECTION

1. Each page of this text introduces a consonant or a vowel. That consonant or vowel is found at the top of the page, along with a pronunciation guide.

2. Read the consonant or vowel aloud until you can pronounce it with ease.

3. To aid in memorizing each consonant or vowel, write that consonant or vowel five to ten times; each time you write the consonant or vowel, read it aloud.

4. You will find a reading exercise in the middle of each page. Read each word in the exercise aloud, using the answer key to check your answers.

5. Once you have correctly read each word several times, practice reading each line of the exercise aloud. The answer key will enable you to check your answers.

6. To attain reading fluency, you may wish to tape yourself reading each line aloud. Then, play back your recording as you check your answers.

7. Once you have successfully mastered each word in the reading exercise, complete the written exercises. Use the answer key to check your answers.

8. Your text contains several review sections. Do not move on to a new section of this book until you are completely comfortable with all of the exercises in the review section.

9. Once a week, return to the beginning of the book and review everything you have learned. Periodic reviews will help cement the material you mastered earlier.

ACCENTS

Hebrew words are generally accented on the final syllable. Thus, "**Shabbat**" is pronounced "**Sha-BAT**," not "**SHA-bat**," and "**Tel Aviv**" is pronounced "**Tel AVIV**," not "**TEL Aviv**."

On occasion, some Hebrew words are accented on the penultimate syllable (the syllable that comes just before the last syllable). For example, the word "**yeh-lehd**" is pronounced "**YEH-lehd**," not "**yeh-LEHD**," and "**bah-yit**" is pronounced "**BAH-yit**," not "**bah-YIT**."

You will eventually learn how to identify words whose accent falls on the penultimate syllable. However, until you do, all penultimately accented words will be marked by a straight line over the accented syllable. Thus, "**ko-teh-veht**," which is a penultimately accented word, will be written "**ko-teh-veht**."

CURSIVE SECTION

You will be asked to perform two different activities in the section on reading and writing cursive script.

1. First, you will be shown a printed consonant and its cursive equivalent. Practice reading and writing the cursive consonant until you can read and write it with ease.

2. Next, you will find three lines of Hebrew printed text. Write those lines of text in cursive script in the space provided.

3. At the bottom of the page, you will find the three lines of text written in cursive script. The three lines of cursive text at the bottom of the page are identical to the three lines of printed text at the top of the page. After you have transcribed the printed text at the top of the page into cursive script, check your

answers by consulting the cursive text at the bottom of the page.

4. When you are able to write each word in cursive script easily and accurately, practice reading the three lines of cursive text aloud.

5. Check your answers either by referring to the printed text at the top of the page or the answer key at the back of the book.

THE HEBREW ALPHABET

Name	Printed	Cursive	Pronunciation	Numeric value
Ahlehf	א	א	Silent	1
Beht	בּ	בּ	B as in cab	2
Veht	ב	ב	V as in have	
Gimehl	ג	ג	G as in bag	3
Dahleht	ד	ד	D as in had	4
Hay	ה	ה	H as in him	5
Vahv	ו	ו	V as in have	6
Zahyin	ז	ז	Z as in maze	7
Heht	ח	ח	CH as in Richter Scale	8
Teht	ט	ט	T as in it	9
Yōd (Yood)	י	י	Y as in yes	10
Kawf	כּ	כּ	K as in hike	20

Name	Printed	Cursive	Pronunciation	Numeric value
Hawf	כ	כ	CH as in Richter Scale	
Final Hawf	ך	ך	CH as in Richter Scale	
Lahmehd	ל	ל	L as in tall	30
Mehm	מ	מ	M as in Sam	40
Final Mehm	ם	ם	M as in Sam	
Noon	נ	נ	N as in son	50
Final Noon	ן	ן	N as in son	
Sahmehh	ס	ס	S as in sister	60
Ahyin	ע	ע	Silent	70
Pay	פּ	פּ	P as in cap	80
Fay	פ	פ	F as in if	
Final Fay	ף	ף	F as in if	
Tsahdee	צ	צ	TS as in hats	90

Name	Printed	Cursive	Pronunciation	Numeric value
Final Tsahdee	ץ	ץ	TS as in hats	
Kōf (Koof)	ק	ק	K as in ink	100
Rehsh	ר	ר	R as in far	200
Shin	שׁ	שׁ	SH as in shoe	300
Sin	שׂ	שׂ	S as in so	
Tahv	תּ	תּ	T as in bat	400
Sahv	ת	ת	T as in bat	

GUIDE TO TRANSLITERATION

CONSONANTS

1) Most Hebrew consonants are equivalent in sound to our English consonants.

2) Two Hebrew consonants, the **<u>H</u>awf** and the **<u>H</u>eht**, have no English equivalents. In modern Hebrew, each of these consonants is pronounced like the **"ch"** in **"Richter Scale"** or **"Sacher Torte."** Both the **<u>H</u>awf** and the **<u>H</u>eht** will be transliterated **<u>H</u>** (an underlined H). The transliterated text will not indicate whether the consonant is a **<u>H</u>awf** or a **<u>H</u>eht**.

3) The **Ahlehf** and the **Ahyin,** which are silent consonants, have no English equivalents. When an **Ahlehf** or **Ahyin** appears in a Hebrew text, only the vowel with which the **Ahlehf** or **Ahyin** is paired will appear in the answer key. The transliterated text will not indicate whether the silent consonant is an **Ahlehf** or an **Ahyin**.

VOWELS

Most Hebrew vowels are identical in sound to their English counterparts. The following system is used in this book for transliterating vowels:

[1] (_) = **AH**   as in   RAH, SPA, FATHER

[2] (ָ) = **AH**   as in   RAH, SPA, FATHER

[3] (ֲ) = **AH**   as in   RAH, SPA, FATHER

[4] (ָ:) = **AW**   as in   SAW, PAW, DRAW

[5] (ֶ) = **EH**   as in   BELL, FELL, TELL

[6] (ֱ) = **EH**   as in   BELL, FELL, TELL

[7] (ֵ) = **EH**   as in   BELL, FELL, TELL

[8] (ִ) = **I**   as in   IT, IF, IS

[9] (ֻ) = **OO**   as in   TOO, MOO, SUE

[10] (וּ) = **OO**   as in   TOO, MOO, SUE

[11] (ֹ) = **Ō**   as in   SO, GO, NO

[12] (וֹ) = **Ō**   as in   SO, GO, NO

14

[13] (ִי) = **EE** as in BEE, TREE, ME,

[14] (ַי) = **AI** as in THAI, FLY, MY

[15] (ֵי) = **AY** as in SAY, DAY, PLAY

[16] (וֹי) = **OY** as in TOY, BOY, COY

[17] (וּי) = **OOY** as in CHOP SUEY

READING PRINTED SCRIPT

SECTION ONE

BEHT (בּ)

The consonant בּ **(BEHT)** is pronounced **B** as in **CAB.**

Exercise 1: Please read the following:

בּ בּ בּ בּ בּ בּ בּ בּ בּ בּ בּ בּ בּ בּ בּ בּ בּ בּ בּ

PAHTAHH (ַ)

The vowel ַ **(PAHTAHH)** is pronounced **AH** as in **FATHER.**

Exercise 2: Please read the following:

ַ ַ ַ ַ ַ ַ ַ ַ ַ ַ ַ ַ ַ ַ ַ ַ ַ ַ

The **PAHTAHH** is always paired with a consonant, and is always written under that consonant. The consonant בּ **(B)** and the vowel ַ **(AH)** combine to form the syllable בַּ **(BAH).**

Exercise 3: Please read the following:

Exercise 4: In the exercise that follows, please put square brackets around the Hebrew syllables which are pronounced **BAH**.

QAHMAHTS   (ָ)

In Modern Israeli Hebrew, both the ַ (**PAHTAHH**) and the ָ

(**QAHMAHTS**) are pronounced **AH** as in **FATHER**. As with the **PAHTAHH**, the **QAHMAHTS** is always paired with a consonant, and is always written under that consonant.

Exercise 5: Please read the following:

19

SEHGŌL (ֶ)

The vowel ֶ **(SEHGŌL)** is pronounced **EH** as in **RED.** The **SEHGŌL** is always paired with a consonant, and is always written under that consonant. בֶּ is pronounced **BEH.**

Exercise 6: Please read the following:

ַ ֶ ַ ַ ֶ ֶ ָ ַ ֶ ֶ ָ ֶ ֶ ֶ ֶ ֶ ֶ ֶ ֶ

ָ ַ ֶ ָ ַ ָ ֶ ַ ֶ ָ ַ ָ ֶ ָ ֶ ַ ַ ָ ֶ

Exercise 7: Please read the following:

בַּ בֶּ בָּ בּ בֶּ בַּ בָּ בּ בַּ בֶּ בַּ בֶּ בּ בַּ בַּ

Exercise 8: Please draw a box around the Hebrew equivalent of the English:

[1] **BEH**	בַּ	בָּ	בּ	בֶּ
[2] **B**	בַּ	בָּ	בּ	בֶּ
[3] **BAH**	בַּ	בָּ	בּ	בֶּ

Exercise 9: Please read the following:

בָּבּ בּבַּ בַּבָּ בֶּבַּ בַּבּ בֶּבָּ בּבֶּ בֶּבּ בּבָּ בַּבֶּ בּבֶּ בַּבּ בַּבַּ

בּבַּ בָּבּ בֶּבָּ בָּבַּ בֶּבּ בּבֶּ בַּבָּ בַּבּ בָּבֶּ בָּבּ בֶּבַּ בָּבַּ בַּבֶּ

בֶּבּ בּבָּ בֶּבָּ בַּבֶּ בַּבּ בּבָּ בָּבָּ בֶּבּ בַּבּ בֶּבַּ בָּבַּ בָּבּ בּבֶּ

Exercise 10: Please return to Exercise 9 and complete the following:

[1] Underline every word that reads **BEH-BAH.**

[2] Put parentheses around every word that reads **BAH-BEH.**

[3] Put square brackets around every word that reads **B'-BAH.**

[4] Draw a box around every word that reads **BAHB.**

REVIEW

Exercise 11: Please read the following:

בּבַּ בֶּבֶּ בָּבֶּ בֶּבּ בַּבָּ בָּבּ בּבֶּ בָּבֶּ בַּבַּ בֶּבָּ בָּבּ בַּבֶּ בֶּבַּ

בֶּבּ בֶּבַּ בָּבָּ בּבַּ בֶּבָּ בַּבֶּ בֶּבּ בַּבָּ בָּבּ בּבָּ בַּבּ בֶּבֶּ בּבַּ

VEHT (ב)

The consonant ב (VEHT) is pronounced **V** as in **HAVE.** The **VEHT** looks exactly like the **BEHT** (בּ) - with one exception: the **VEHT** does not have a dot in its center.

Exercise 12: Please draw a box around the Hebrew equivalent of the English:

[1] **VEH** ב בָ בַ בֶ

[2] **V** בָ בַ ב בֶ

[3] **VAH** בַ בָ ב בֶ

Exercise 13: Please read the following:

בָב בבַ בַבָ בָבַ בַב בָבָ בבֶ בֶב בבָ בַבֶ בבֶ בַב

בבַ בָב בֶבָ בָבַ בֶב בבֶ בַבָ בַב בָבֶ בָב בֶבַ בָבֶ בֶּב

בבָּ בֶבָ בַבָּ בבַּ בבָ בָבָּ בֶּב בַב בֶּבַ בָבַ בָּב בָבָ בַּב

Exercise 14: Please return to Exercise 13 and complete the following:

[1] Underline every word that reads **VEH-VAH.**

[2] Put parentheses around every word that reads **VAH-VEH.**

[3] Put square brackets around every word that reads **V'-VAH.**

[4] Draw a box around every word that reads **VAHV.**

AHLEHF (א)

The consonant **א** (AHLEHF) is a silent consonant; it is not pronounced.

If a word contains an **AHLEHF** that is paired with a vowel, pronounce the vowel. If a word contains an **AHLEHF** that is not paired with a vowel, pronounce the word as if the **AHLEHF** were not there.

Exercise 15: Please read the following:

Exercise 16: Please return to Exercise 15 and complete the following:

[1] Underline every word that reads **BEH.**

[2] Put parentheses around every word that reads **BAH.**

[3] Put square brackets around every word that reads **BAH-EH.**

[4] Draw a box around every word that reads **EHV.**

SH'VAH (�911)

The vowel ְ (SH'VAH) is a silent vowel. When a SH'VAH is paired

with a consonant, pronounce the sound of the consonant only. The

SH'VAH always comes under the consonant.

Exercise 17: Please read the following:

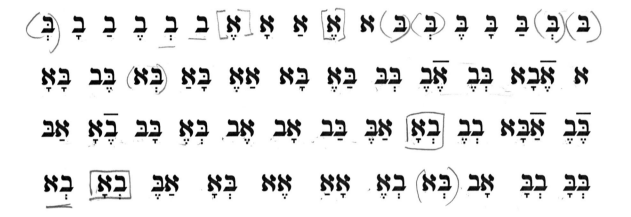

Exercise 18: Please return to Exercise 17 and complete the following:

[1] Underline every word that reads **V'**.

[2] Put parentheses around every word that reads **B'**.

[3] Put square brackets around every word that reads **EH**.

[4] Draw a box around every word that reads **V'-AH**.

24

GIMEHL (ג)

The consonant ג **(GIMEHL)** is pronounced **G** as in **BAG.**

Exercise 19: Please read the following:

ג גֶ גַ גְ גֶ גַ גָ ג גֶ גָ גְ גֶ גָ גְ גַ א אַ אָ אֶ

בּ בְּ בַּ בָּ בֶּ ג גַ גָ גַ בַּ אַ גְ גְגֶ גַג בַג אַג אֶג

בֶּג בַּג גֶג אָבָ בֶּגָ גַג גָג גֶג אֶגֶג גַבֶּג אֶבֶג בְּגָא

בְבַּג גַבָּא בַּגַג גֶבָּא אַגָב אָג גְבָּב בְּאֶג בֶּגַא בַּאַג

בְּגֶא גַגָא אַגֶב בָּאבּ בֶּב גֶאָג אַגֶא בַּגְא בְּאֶג בַּבַּא

Exercise 20: Please return to Exercise 19 and draw a box around the Hebrew equivalent of the English words that follow:

[1] V'-EHG [2] GAH-BEHG [3] GAH-BAH [4] BAH-GAHG

[5] AH-GEHV [6] BEH-GAH [7] B'-EHG [8] AH-GAHV [9] B'-GAH

[10] EH-GEHG

DAHLEHT (ד)

The consonant **ד** **(DAHLEHT)** is pronounced **D** as in **HAD.**

Exercise 21: Please read the following:

ד דַ דָ דְ דֶ דָ דְ דַ ד דַ דְ דֶ דָ דַ דֶ דְ דָ דַ ד

דָ אָד גָד דַד בָּד אָב דָג גָאַב דָאַג בָּדָד דַד אָב

אַגֶד דָד אֶדָג אַגָב בְּגֶד גְדַד אֶגֶד בֶּגֶד דָג גָדַא

אָבַד גְאָד דֶבֶג דֶב בְּגָד גְאֶב בָּגַג גַב בְּאָב גַגֶד אֶד

Exercise 22: Please return to Exercise 21 and draw a box around the Hebrew equivalent of the English words that follow:

[1] B'-AHV [2] DEH-VEHG [3] BEH-GEHD [4] AH-GEHD [5] DEHV

[6] B'-GEHD [7] BAH-DAHD [8] GAH-AHV [9] G'-AHD

[10] BAH-GAHG

Exercise 23: Please draw a box around the Hebrew equivalent of the English words that follow:

[1] BEH-GEHD [2] B'-AHV [3] AH-VAHD [4] DAH-AHG

[5] BAH-GAHG

גֶ א בְ בַּ דֶ גְ דָ אַ ג גַ בֶּ אְ דָ בַ ד גֶ בְּ אָ ב בְ גַ א בֶ גֶ דָ בַּ דֶ בָ

בֶּ גָ ד דְ בֶּ גֶ ד בְ גֶ א בַּ אָ בַ ד גַ דֶ בָּ א גְ דָ בַּ גַ ג בֶּ ג גְ ד ב אַ

HAY (ה)

The consonant **ה** **(HAY)**, when paired with a vowel, is pronounced **H** as in **HIM.** When the **ה** is not paired with a vowel, it is not pronounced.

Exercise 24: Please read the following:

הַ הָ הֶ הָ הַ הַב הֶד הַג הָא גֶה דַה בָּה הַבַּד

אָגַג הָאַבָּא הָאָב הַבָּאָה אָהַד הַגֶד דָאַגָה דַג

הַבֶּגֶד הַגָדָה אַגָדָה הַדָג הֶדַד אָהַב אַהֲדָה הַבָּדָד

הַגָדָה אֲהֶדֶה אַהֲבָה הָאֶגֶד הָבָה גַאֲבָה הַבְהַב גָדָה

Exercise 25: Please return to Exercise 24 and draw a box around the Hebrew equivalent of the English words that follow:

[1] **HAH-AHV** [2] **GAH-AH-VAH** [3] **AH-HAHD** [4] **HAH-VAH**
[5] **HAH-DAHG** [6] **HAH-BAH-DAHD** [7] **GAH-DAH** [8] **AH-HAHV**

Exercise 26: In the puzzle that follows, please draw a box around the following words:

[1] הבהב [2] הגדה [3] בּגד [4] האגדה [5] דאג

א ג ה ב ד ה ג ה בּ א ה ג ד ה ד ג בּ א ה ב ה ב ד ג ה א ד ב ג ב

ד ג א ג ד א ג ב א ה בּ ג ד ה א ג ד ה א ג בּ ה ד ג ה ב בּ א ד ה

SECTION ONE REVIEW

Thus far, you have studied the following consonants and vowels:

Consonants - א בּ ב ג ד ה

Vowels - ◌ַ ◌ָ ◌ֶ ◌ְ

If you feel comfortable reading the following vowels, consonants, syllables and words, please proceed to the next section. If you cannot read the following with ease, please review section one before proceeding to section two.

◌ֶ ◌ָ ◌ְ ◌ַ ◌ָ ◌ֶ ◌ַ ◌ְ ◌ָ ◌ֶ ◌ַ ◌ְ ◌ָ ◌ֶ ◌ְ ◌ֶ ◌ַ ◌ָ ◌ֶ ◌ַ

בּ ב ד ב א ה ב א בּ א ד ה ב א ג ד א ג

בַ דְ אֶ הָ גַ אֶ בְ דְ אַ בָּ בֶ גְ הַ בָ אָ דֶ בַ בַּ

הַ גֶ בְּ אָ דֶ בָ הַ אֶ דְ בַ הֶ בָּ גַ אֶ דְ גֶ בַ בְ

בְּאַהָבָה הֶדָד הָאַגָדָה בַּגַג אָב בֶּ̅גֶד דְאָגָה בָּדָג

הַבְהַב אַ̅בָּ̅ה אַגָב אָ̅גֶד בָּדָד הַדָג אָבַד דָאַג הַגַב

הַהַגָדָה הַגָג הָבָה הֶדַד הַבָּאָה אֶד אָהַד הָ̅גֶה בַּגַג

SECTION TWO

REHSH (ר)

The consonant ר **(REHSH)** is pronounced **R** as in **FAR.**

Exercise 27: Please read the following:

ר רַ רָ רְ רֶ רְ רָ רַ רֶ רָ רְ רַ רֶ רָ רְ ר בָּ בֶּ

אַ אָ גְ גֶ הֶ הַ דָ דְ בְ בַ בָ דְ בָּ גַ בַּר גָר דָר

רָב רַבָּה גָרָה בָּרָא רְאֶה דַרְגָה רֶד הַר אָרֶג הַבָּר

אַרְבֶּה אַגָב דַבֶּר רֶגָה הַגָר בָּרָד אַר אַג בְּרָאָה רַד

הָרָה הֶרְאֶה בָּגְרָה גָבְרָה אֶגָר הַגָבֶר גָאַב דַבָּר דָג

Exercise 28: Please return to Exercise 27 and draw a box around the Hebrew equivalent of the English words that follow:

[1] **BAH-RAHD** [2] **BAH-RAH** [3] **AHR-BEH** [4] **HEHR-EH**
[5] **DAHR-GAH** [6] **REH-GAH** [7] **GAH-RAH** [8] **HAH-RAH**
[9] **EH-REHG** [10] **R'-EH**

TAHV (ת/תּ)

In Israeli Hebrew, the consonant **ת/תּ** **(TAHV)** - with or without the dot - is pronounced **T** as in **BAT.**

Exercise 29: Please read the following:

ת תּ תַּ תַ תָּ תָ תְ בַ בָ בֶ רֶ דֶ בַּ אַ גְ הַ גַת

דַת אֶת בַּת תָּג תָּא תֶּה אַתְּ תַּת תֶּת גֶת אָתָא

אַתָּה הֶתֶר אֶתְגָר תְּתָאֶר תְּדַבֵּר תַּרְבֶּה רַבַּת בֶּת

בָּרַת בָּתַר הַבַּת תְּגָרֶד אַגָדַת גָאַתְּ רַבָּת גְדֶרַת

אָהַדְתָּ הָרָב רֶתֶת גַרְתָּ בָּאת תְּבָרֵר רֶדֶת דַגְתָּ תָּב

Exercise 30: Please return to Exercise 29 and draw a box around the Hebrew equivalent of the English words that follow:

[1] **HEH-TEHR** [2] **G'-DEH-RAHT** 3] **TAHR-BEH** [4] **T'-TAH-EHR** [5] **EHT** [6] **REH-DEHT** [7] **T'-GAH-RED** [8] **BAHT** [9] **HAH-RAHV** [10] **TAHT**

LAHMEHD (ל)

The consonant ל (LAHMEHD) is pronounced **L** as in **TALL.**

Exercise 31: Please read the following:

ל לְ לַ לָ לְ לֶ אָ בֶּ ד גַ רְ בֶ אֶ רָ הַ בְ ל גַל

בַּל לָה לֶב אַל אֶל תַּל לָג רַל לַג לֶל לָה לְדַבֶּר

גַלְגַל רַלְבַּג לְהַגֶר לָהָב בְּרֶֿגֶל לָרַב אַל לָא בֶּֿרֶל

הַלֶל לְגָדֶר בֶּהָלָה לַגְלֶג לַגַג אֶלְגָר דַל בָּל דֶל לֶֿבֶד

Exercise 32: Please return to Exercise 31 and draw a box around the Hebrew equivalent of the English words that follow:

[1] LAH-RAHV [2] BEH-HAH-LAH [3] L'-DAH-BEHR [4] TAHL
[5] EHL-GAHR [6] LAHG

Exercise 33: Please draw a box around the Hebrew equivalent of the English words that follow:

[1] HEHR-GEHL [2] LAH-DAHT [3] GAHD-LAH [4] GAHL-GAHL
[5] BAHT

אַדֶגָתָּדַלָהבְּאֶדַגַלְגַלאֶתֶּגָבַּתאַגָדְלָהאַדַלֶגֶאָל

הַרֶגדֶלאַבָּהֶאָהֶרְגֶלאַבָּהַדָלַדתאָתַהתְּבְאֶתבְדָ

H̱ŌLAHM (וֹ)

The vowel וֹ (**H̱ŌLAHM**) is pronounced **O** as in **HOPE.** The **H̱ŌLAHM** is always paired with a consonant, and always stands to the left of that consonant. בּוֹ is pronounced **BŌ.**

Exercise 34: Please read the following:

בּוֹ אוֹ דוֹ חוֹ גוֹ בּוֹ תּוֹ רוֹ לוֹ בּוֹא תּוֹר דּוֹב אוֹת

הוֹבֶה הוֹדוֹ רוֹאֶה הַבּוֹר דּוֹר לְדוֹר רוֹבֶה הַבּוֹגֶדֶת

רוֹב אוֹהֶבֶת אֲגָדוֹת אוֹרוֹת רוֹאָה לַתּוֹרָה בּוֹדֶד

הָאֲגוֹרָה אוֹג בּוֹדְדוֹת אוֹרָה הַדּוֹרוֹת לָבוֹא בְּבוֹאוֹ דוֹד

Exercise 35: Please return to Exercise 34 and draw a box around the Hebrew equivalent of the English words that follow:

[1] AH-GAH-DŌT [2] BŌ-DEHD [3] HAH-DŌ-RŌT [4] RŌ-VEH
[5] TŌR [6] HŌ-DŌ [7] HAH-BŌR [8] Ō-RŌT [9] B'-VŌ-Ō

Exercise 36: In the puzzle that follows, please draw a box around the following words:

[1] תוהב [2] בוגר [3] בבואו [4] אודה [5] התורה

א ג ה ת ל ד ו ה ת ו ר ה א ג ו ל ג ל ד ב ו ג ר א ו ד ג ה ר ד ב ג

ל א ה ו ת ל ד ג ת ו ה ב ר ד ל ה ב ב ו א ו א ו ד ה א ב ג ו ה ד

MEHM (מ)

The consonant מ (MEHM) is pronounced **M** as in **SAM.**

Exercise 37: Please read the following:

מ מַ מָ מְ מֶ מוֹ מוֹר מֶרֶד מְאוֹד מַה מֶה בָּמָה

מוֹלֶדֶת תָּמָר אֲמוֹת דוֹמֶה אֲמוֹרָה אוֹמֶרֶת מוֹרוֹת

מוֹרוֹ לֶאמוֹר דוֹמֶמֶת גוֹמֶר הַגָּרוֹת אַלְמְגוֹר הָאֲדָמוֹת

הַבּוֹרוֹת הַמֶּרֶד מְלוֹאוֹ הַמּוֹרֶה אָמְרָה גְמוֹרָה לוֹמְדוֹת

Exercise 38: Please return to Exercise 37 and draw a box around the Hebrew equivalent of the English words that follow:

[1] AH-MŌT [2] LEH-MŌR [3] AHL-M'-GŌR [4] M'-ŌD [5] M'-LŌ-Ō [6] MŌ-RŌT [7] GŌ-MEHR [8] HAH-GAH-RŌT [9] AHM-RAH [10] AH-MŌ-RAH

Exercise 39: Please draw a box around the Hebrew equivalent of the English words that follow:

[1] GAHM-RAH [2] M'-GAH-REH-DEHT [3] MŌ-RŌT [4] T'-Ō-MŌT

אֶ ר וֹ בְּ תַ גָ מ וֹ ר וֹ ת דְ בֶּ א וֹ תְ א וֹ מ וֹ ת הַ אֶ ר וֹ אַ בּ גֶ לְ ר מַ

הַ ר וֹ גְ דַ מְ גָ רֶ ד ת תַ לְ מ וֹ גָ מְ רָ ה ל וֹ בְּ הַ אֶ מְ ג תָ רֶ ת וֹ אָ וֹ

REVIEW

Exercise 40: Please read the following:

מוֹדֶדֶת מְתָאַרוֹת אַדְמוֹר הָאַגָדוֹת תָמָר הָאֶמֶת מָרָר

מוֹלֶדֶת מְדַלֶג הָאַדָמוֹת הָאַהַבָה מְדַבֶּרֶת הַמֶרֶד בָּרָד

SHIN (שׁ)

The consonant שׁ **(SHIN)** is pronounced **SH** as in **SHOE.**

Exercise 41: Please read the following:

שׁ שַׁ שָׁ שְׁ שֶׁ שׁוֹ שַׁשׁ שֶׁשׁ שָׁר שֶׁד דַשׁ דֶשֶׁא

הַשֶׁד שׁוֹרֶשׁ בְּשַׁבָת הַשׁוֹר הַגָשַׁשׁ שְׁגָגָה גֶשֶׁר

שׁוֹבֶרֶת שֶׁלוֹ אַשֶׁר מְשַׁמְרוֹת שֶׁלֶג שְׁלוֹמוֹ רֶשֶׁת

מְשַׁבֶּרֶת שׁוֹתוֹת שָׁרָב שֶׁבֶת רֶגֶשׁ תוֹשָׁב שׁוֹמֶרֶת

Exercise 42: Please return to Exercise 41 and draw a box around the Hebrew equivalent of the English words that follow:

[1] **M'-SHAH-BEH-REHT** [2] **HAH-GAH-SHAHSH** [3] **TŌ-SHAHV**
[4] **SHEH-LEHG** [5] **SHAH-RAHV** [6] **DEH-SHEH** [7] **REH-SHEHT**
[8] **GEH-SHEHR** [9] **SHAHR** [10] **SHŌ-VEH-REHT**

Exercise 43: In the puzzle that follows, please draw a box around the following words:

[1] **HAH-GAH-SHAHSH** [2] **SHŌ-VEH-REHT** [3] **LAH-DEH-SHEH**

[4] **BAHT**

אַ רֶ ת דָ שְׁ גֶ שׁ וֹ בֶ רֶ ת לַ אָ רְ גָ דַ הֶ לַ דֶ שֶׁ א מַ ה דָ בֶ הַ רְ גַ בֶּ דַ

בָּ הֶ ר הַ גָ שַׁ שׁ רֶ אָ מָ שְׁ מָ שׁ וֹ ת הֶ וֹ רַ בַּ ת הַ שֶׁ לָ וֹ דָ גְ אֶ מַ גֶ הָ

REVIEW

Exercise 44: Please read the following:

הָאַגָדוֹת בַּבּוֹרוֹת הַמוֹרָה לְשַׁבָּת לַתוֹרָה שְׁאָגָה

לְלַמֶד אַהָדָה הָאֶמֶת הַגְמָרָא לְאַשְׁדוֹד שׁוֹמֶרֶת מְגַדֶל

מוֹרוֹת גוֹמֶרֶת גוֹמֶל בְּאַהַבָה דָאַגָה לְדַלֶג לְמָשָׁל אֶל

שְׁאֶלָה אָבְדָה מַמָשׁ בַּתוֹר לְבָאֶר אֶגְדוֹל בְּרוֹב אַגָב

גוֹמֶרֶת הַבֶּגֶד מוֹדְדוֹת הַהַר מָל גָדוֹל אוֹהֶדֶת

בּוֹגֶדֶת הַרוֹבֶה מָשָׁל אַל בַּגַג הוֹדֶה הוֹרֶה לְגַבֶּר

SECTION TWO REVIEW

Thus far, you have studied the following consonants and vowels:

Consonants - א בּ ב ג ד ה ר תּ ת ל מ שׁ

Vowels - וֹ ְ ֶ ָ ַ

If you feel comfortable reading the following vowels, consonants, syllables and words, please proceed to the next section. If you cannot read the following with ease, please review section two before proceeding to section three.

ֶ וֹ ַ ְ ֶ ַ ָ ְ ֶ וֹ ַ ְ וֹ ָ ֶ ְ וֹ ֶ וֹ ָ ְ ַ וֹ ֶ

בּ ה ר ל ג ד מ שׁ א ל ד מ ר ת תּ א ג ל

מ ב ה ל ג בּ שׁ מ א תּ בּ ד ת ל ר ב ל ר

א ר הוֹ רַ גְ דָ מֶ שׁוֹ אַ לְ דַ מָ רוֹ תְ בַ לֶ שְׁ

רָ מַ דֶ גוֹ דֶ הַ שָׁ מְ תּוֹ גַ דְ לוֹ תַ אֶ הָ תְּ בוֹ

גַ דוֹ תְּ רַ בָּגַד לוֹמֶּדֶת גָמְרָה שָׁלוֹשׁ בָּרָא מַמָּשׁ

תּוֹרָה הַמּוֹל שָׁבַר שׁוֹאֶב תַּאַבָה דוֹאֶגֶת שָׁמַרְתָּ

תְּתַאֶר מְגַדֶּלֶת הַרְגָשָׁה לָבַשׁ בְּאֶר מָשָׁל תּוֹדָה דוֹר

SECTION THREE

H̲EERIK (ִי / ִ)

The vowel ִי / ִ (H̲EERIK) can be written as a long or short vowel:

[1] As a long vowel, the **H̲EERIK** is written with a **YŌD** (ִי) and is pronounced **EE** as in **BEE.**

[2] As a short vowel, the **H̲EERIK** is written without the **YŌD** (ִ) and is pronounced **I** as in **IF.**

[3] The **H̲EERIK** (ִ) always comes under the consonant with which it is paired.

[4] The **YŌD** (י) always follows the consonant with which the **H̲EERIK** is paired.

Exercise 45: Please read the following:

ִ ִי לִ לִי מִ מִי תִ תִי אִ אִי רִ רִי גִ גִי דִ דִי בִּי

בִּ שִׁ בְּלִי אוֹרִי אִמָּא רַבִּי דוֹדִי גִּבּוֹר דְלִי שֶׁלִּי רִיבָה

גִּיר שִׁשָּׁה מוֹרָתִי שִׁירָתִי שִׁירִי אִשְׁתִּי בְּלִבִּי שִׁישִׁי

לִבְרוֹא מִדָּה שִׁירָה מֶמְשַׁלְתִּי לִיאוֹרָה לִשְׁמוֹ גִּילָה

Exercise 46: Please return to Exercise 45 and draw a box around the Hebrew equivalent of the English words that follow:

[1] SHEE-SHEE [2] LEE-Ō-RAH [3] B'-LEE [4] LIV-RŌ
[5] REE-VAH [6] SHEE-RAH-TEE [7] B'-LI-BEE [8] GI-BŌR
[9] ISH-TEE [10] LISH-MŌ

Exercise 47: In the puzzle that follows, please draw a box around the Hebrew equivalent of the English words that follow:

[1] LIG-MŌR [2] LIL-MŌD [3] SH'-VEE-TAH [4] DŌ-DEE

בִּ א וֹ רָ לִ לְ מ וֹ ד גָ רִ י ד וֹ דִ י מ וֹ רָ ה לִ גְ מ וֹ ר בַּ ב תּ מ ה בַ ר

גֶ דָ א וֹ רָ ה הִ לְ לֶ ל שְׁ בִ י תָ ה לְ מִ י דָ ה א וֹ רַ גֶ לְ לִ י א ר ת מָ ל

REVIEW

Exercise 48: Please read the following:

הַבִּמָה מוֹרָתוֹ הַגִּבּוֹר הָאִמָא שֶׁלִי שְׁלוֹמִי בְּגָדוֹ

מַגְדִיל הִתְאָהַבְתָּ מִנַגוֹ תּוֹרָתִי שׁוֹאֶלֶת הַגַלְגַל מַבְדִיל

שְׁלוֹמוֹ מִתְלַבֶּשֶׁת בִּגְלַל אָבְדָה גְדוֹלָה בַּשֶׁלֶג

בַּמֶמְשָׁלָה מוֹרָתוֹ אֶלָא תַּלְמִידָה דוֹד לַמִשְׁמֶרֶת

הָאֶמֶת הִבְדִילָה שְׁמִירָה בּוֹגֶרֶת הִגְדִיל מַלְבִּישָׁה

הוֹרוֹת מָשָׁל שְׁמִי מְאוֹד בַּדֶלֶת אַהֲדָה דוֹדָתִי לְבָרֶר

הַגָלִיל הַבְדָלָה אַמוֹרָה דֶגֶל לְבַדָה בִּילָה הָאִשָׁה

אִשְׁתּוֹ תֶּל אָבִיב תִּגְדְלִי שְׁלִישִׁית שָׁאֲלָה תַּרְמִיל גַל

NOON (נ)

The consonant **נ** **(NOON)** is pronounced **N** as in **SON.**

Exercise 49: Please read the following:

נ נְ נַ נָ נֶ נוֹ נִ נִי בְּנִי בְּנוֹ אֲנִי תְּנִי גַּנוֹ בְּגַנִּי נָא

נָבִיא בָּנָה בּוֹנֶה מָנוֹת נוֹרָא נֶהָג נֶגֶב נֶשֶׁר נָשִׁיר

נוֹשֶׁבֶת בִּינָה נוֹמַר נִשְׁמָתוֹ נוֹלַדְתִּי לִנְהוֹג נְדָבוֹת

דָּנִי הַמּוֹנִי הַשָּׁרָב נְלַמֵּד נָבוֹא מְנוֹרָה הַנּוֹדֶדֶת אָנָה

גַּנֶּנֶת שֶׁנְּהַב גַּג הַנָּהָר נַגָּר מִשְׁנָתוֹ הַנָּמֵר הַבָּנוֹת

Exercise 50: Please return to Exercise 49 and draw a box around the Hebrew equivalent of the English words that follow:

[1] **NEH-GEHV** [2] **AH-NAH** [3] **SHEHN-HAHV** [4] **N'-DAH-VŌT**
[5] **HAH-BAH-NŌT** [6] **B'-GAH-NEE** [7] **BŌ-NEH** [8] **NAH-VŌ**
[9] **NAH-GAHR** [10] **NŌ-MAHR** [11] **HAH-MŌ-NEE** [12] **NAH-SHEER**

Exercise 51: In the puzzle that follows, please draw a box around the Hebrew equivalent of the English words that follow:

[1] **M'-LŌ-NEE** [2] **BISH-VEEL** [3] **HAH-NŌ-RAH** [4] **SHEH-LŌ**
[5] **M'-NŌ-RAH**

בַ לְ נִ בִ י מ ו אֶ נָ ב מְ נ וֹ רָ ה אַ גְ הֶ לַ בָ רִ י מְ ל וֹ נִ י אֶ מִ בֶ ל וֹ הָ

נַ שְׁ ג ו הַ נ וֹ רָ א ב וֹ נִ לַ מְ הֶ רִ גַ בִּ שְׁ בִ י ל אַ נִ שֶׁ ל וֹ נַ רֶ דָ אֶ רִ

TSEHREH (ֵי / ֵ)

The vowel ֵי / ֵ (**TSEHREH**) can be written as a long or a short vowel:

[1] As a long vowel, the **TSEHREH** is written with a **YŌD** (ֵי) and is pronounced **AY** as in **DAY.**

[2] As a short vowel, the **TSEHREH** is written without the **YŌD** (ֵ) and is pronounced **EH** as in **BELL.**

[3] The **TSEHREH** comes under the consonant with which it is paired.

[4] The **YŌD** follows the consonant with which the **TSEHREH** is paired.

Exercise 52: Please read the following:

ֵי בּ בֵּ בֵּי ה הֵ הֵי ד דֵ דֵי ג גֵ גֵי ר רֵ רֵי ל

לֵ שׁ שֵׁ שֵׁי ת תֵ תֵי ל לֵ לֵי נ נֵ נֵי מ מֵ מֵי ב

בֵ בֵי נֵרִי נֵר הֵד לֵבָב לֵיל בֵּית אֵלֶּה תֵּה

תֵּל-אָבִיב מַהֵר הֵמָּה אַשְׁרֵי בּוֹרֵא נֵרֵד נֵרוֹת הִלֵּל

אַבְנֵי גּוֹמֵר שִׁירֵי הַבְּאֵר נֵשֵׁב מְלֵאָה תֵּלְדִי שֵׁמוֹת

Exercise 53: In the puzzle that follows please draw a box around the Hebrew equivalent of the English words that follow:

[1] **DAH-NEE-EHL** [2] **SHAY-NAH** [3] **NEH-RŌT**
[4] **HIT-NAH-HEHG**

בֵּ גַ נָ נֵ ר וֹ ת לֶ אָ דָ נִ י אֵ ל בְּ מֶ הִ תְ נַ הֵ ג אָ תֶ שֵׁ י נָ ה נַ בָ רֵ י גַ

KAWF (כּ)

The letter **כּ** **(KAWF)** is pronounced **K** as in **HIKE.**

Exercise 54: Please read the following:

כּ כְּ כַּ כָּ כֶּ כּוֹ כִּ כִּי כֵּ כֵּי כַּת כַּר כְּשֶׁ כַּד כְּמוֹ

כִּתָּה כּוֹתֵב כַּמָּה כִּנּוֹר כְּדֵי כִּכַּר כָּשֵׁר כְּאֵב

הָרַכֶּבֶת רַכָּה כַּדּוֹמֶה כְּתוֹבֶת הַכָּבוֹד לַכְּבִישׁ כַּנִּרְאֶה

כַּלְכָּלָה הַשְׁכִּיבִי לַכֶּלֶב כְּבוֹדוֹ בַּכּוֹל הַכֶּבֶשׁ מַכּוֹת

Exercise 55: Please return to Exercise 54 and draw a box around the Hebrew equivalent of the English words that follow:

[1] K'-EHV [2] KAH-NIR-EH [3] MAH-KŌT [4] K'-MŌ [5] KAH-MAH

Exercise 56: In the puzzle that follows, please draw a box around the following words:

[1] מִשְׁכְּנוֹת [2] כּוֹתְבוֹת [3] כַּאֲשֶׁר [4] הָאִכָּר

אָ כַּ מ וֹ תָ בֶּ רְ הָ אִ כָּ ר נ וֹ כְּ בִּ י שׁ דֶ וֹ רֵ כּ וֹ תְ ב וֹ ת הֵ ב וֹ שֶׁ ת

כֶּ לֶ תְּ אָ רֵ ג וֹ בִּ י כַּ אֲ שֶׁ ר כִּ כָּ ר דֵ תְּ לַ אֶ מִ שְׁ כְּ נ וֹ ת וֹ גָ רָ דֶ א

REVIEW

Exercise 57: Please read the following:

הַכִּנּוֹר כּוֹתֶבֶת הֶרְגֵל שְׁבִיתָה רַכֶּבֶת תָּמָר אֶגֶד גָּדֵר

הַכַּלָּה תַּלְמִיד מוֹרוֹת בַּכִּתָּה שְׁלוֹמוֹ מוֹרִי בִּתָּה שֶׁלֶג

מַלְבִּישָׁה הַגְּדוֹלָה גַּלְגַּל שִׁירָה מַכּוֹלֶת הַבֶּגֶד גָּר

כָּתַב לֵילוֹת מְאוֹד הַלֵּל אוֹהֶבֶת נִיר שָׁרוֹנָה הַשְּׁלִישִׁי

SHOOROOK (וּ)

The vowel וּ **(SHOOROOK)** is pronounced **OO** as in **MOOD.** The **SHOOROOK** stands to the left of the consonant with which it is paired.

Exercise 58: Please read the following:

וּ בּוּ הוּ דוּ גוּ כּוּ לוּ אוּ רוּ תּוּ תוּ מוּ נוּ בוּ כוּ

לוּל תַּלְמוּד בּוּבָּה רוּת בָּלוּל תְּמוּנוֹת גָּמוּר הוֹדוּ

אָהוּב דּוּבָּה שׁוּרָה בָּרוּר שׁוּלַמִּית הַגִּלְגּוּל שְׁמוּרוֹת

כְּאִילוּ הַמוֹנֵי אָגוּר לוּלָב אוּרִי כַּדּוּר לָדוּג תְּמִימוּת

FINAL MEHM (ם)

When the consonant מ (MEHM) comes at the end of a word, it is written ם and is pronounced **M** as in **SAM.**

Exercise 59: Please read the following:

ם גַם דָם הֵם בִּים בַּם אֵם שֵׁם רָם שׁוּם שָׁם תָּם

מֶם נָם לָהֶם מִלִים הָהֵם אִמָּם אֵלִים אָדוֹם בַּמָּרוֹם

רוֹשֵׁם מוֹרָתָם דָרוֹם בָּנִים לְדוֹדָם הַתַּלְמִידִים אַתֶּם

הַמּוֹנָם גִמְגֵם בְּשָׁלוֹם בְּרִיתָם שִׁלְשׁוֹם בְּבוֹאָם רַמְבַּם

Exercise 60: Please return to Exercise 59 and draw a box around the Hebrew equivalent of the English words that follow:

[1] **HAH-MŌ-NAHM** [2] **BAH-MAH-RŌM** [3] **AH-DŌM** [4] **AH-TEHM**
[5] **HAH-HEHM** [6] **B'-VŌ-AHM** [7] **SHOOM** [8] **RAHM-BAHM**
[9] **BAH-NEEM** [10] **I-MAHM**

Exercise 61: In the puzzle that follows, please draw a box around the following words:

[1] מִנְהָגָם [2] הוֹרִים [3] אֲהוּבָתָם [4] שְׁנֵים [5] שֶׁלוֹ

אָ מֶ נֵ שְׁ נֵ א ר וֹ ה וֹ רִ י ם דְ גֶ א וּ שׁ וֹ שְׁ נֵ י ם מִ נְ גָ דַ ר וֹ שֶׁ הַ א

ל וֹ נֵ יַ ג וֹ מִ נְ הָ גָ ם גְ דָ א וּ שֶׁ ל וֹ אַ ה וּ בָ תָ ם בּ שׁ וּ רִ י אָ מֶ שׁ

PAY (פּ)

The consonant **פּ** **(PAY)** is pronounced **P** as in **CAP.** The **PAY** always has a dot in the center.

Exercise 62: Please read the following:

פּ פְּ פַּ פָּ פֶּ פִּ פִּי פֵּ פֵּי פּוֹ פּוּ פֶּה פַּר פַּת פִּיל

פּוּל פְּרוּ פְּנֵי פִּתּוֹת פָּתַר פּוֹנֶה פֵּאוֹת פֵּרוֹת פְּאֵר

בַּפִּינָה פָּנָה פִּתְאוֹם בַּפָּרָשָׁה פּוּרִים הַפֶּלֶא פָּנִים

פּוּגְשִׁים פְּגִישָׁה בַּפֶּה שִׁפּוּר אַפּוֹ אַשְׁפָּה מִתְפַּלֵּל

REVIEW

Exercise 63: Please read the following:

מִתְפַּלֵּא לְהִפָּרֵד פִּלְפּוּל כַּנִרְאֶה רַכֶּבֶת מִשְׁכְּנוֹת

כְּאֵב בַּכִּתָּה אֵלִים שִׁירָם מִגְדָּלִים רָשׁוּם מְדַבְּרִים

בִּשְׁבִילָם הַהֵד לָשֶׁבֶת אִמָּם הוֹבִילָם שִׁלְשׁוֹם תְּשׁוּבָתוֹ

הָאֲהוּבָה לְתַלְמִידֵנוּ הַנֶּהָג נוֹרָא לְשַׁלֵּם בְּבוֹאָם

גוֹמְרוֹת מְנַגֶּנֶת הַשֵּׁינָה נוֹשְׁמוֹת הַכִּפָּה נָדַר בּוֹנִים

Exercise 64: In the puzzle that follows, please draw a box around the following words:

[1] בְּלוּלָה [2] כִּפּוֹת [3] לֵילוֹת [4] תְּשׁוּבָה

[5] מִתְפַּלֵּא [6] מַתָּנוֹת [7] הַבְדָּלָה [8] לִנְהוֹג

[9] גָּדוֹל [10] בִּתּוֹ [11] כַּלְכָּלָה [12] הַגָּדָה

נַ הֶ ל וֹ פָּ שֶׁ גָ לִ נְ ה וֹ ג אָ מְ כָּ הַ בְ דָ לָ ה לִ דֶ רְ בִּ תּ וֹ

בְּ אָ פֶּ לֵ ם לֵ י ל וֹ ת בָ דַ ד ר אִ י מִ תְ פַּ לֵ א בֶ שַׁ מְ פְּ נֵ

תֶּ ר גֵ דָ הַ בְ תְּ שׁ וּ בָ ה לַ פָּ ם אֶ רְ בְּ ל וּ לָ ה אֲ רֶ שְׁ

נָ הַ תְ אָ מִ מַ תָּ נ וֹ ת פָּ כִ דָ רִ פּ וֹ ג כִּ פּ וֹ ת הַ לֵ הַ מֶ

הַ רֶ אָ דֶ גִ ד וּ ל פָּ כְּ גֵ דִ הָ בָ כַּ לְ כָּ לָ ה לָ ם פַּ שֶׁ אֱ הַ

לְ א וֹ רִ י גָ דֶ כֵּ י פַּ נְ הֵ בָ תֵּ הַ גָ דָ ה ם שֶׁ רִ י ד וּ גַ בֶ

נָ תָּ בִּ לָ רַ בְ תֶ מְ בַּ גֵ וֹ שַׁ פֵּ בֶ הָ דֶ בִּ י נֵ רְ גָ ם שְׁ תַ בָ

מָ נָ רִ י פַּ בֶּ וּ דָ לִ י רֶ הָ כִּ לָ וּ בֶ גָ נָ א וֹ מֶ פָּ הִ י ל וֹ מַ

AHYIN (ע)

The consonant ע **(AHYIN)** is silent. When you encounter an **AHYIN,** pronounce only the vowel with which it is paired.

Exercise 65: Please read the following:

עַ עָ עֶ עֵ עֵי עִ עִי עוּ עוֹ עַל עִם עַד עָב עֵר

עַם עֵד עוֹד עוֹר עִיר עוֹל עָנָה עוּגָה לְעַמִי שַׁעַר

עוֹלָם עָרִים עוֹנָה עִלֵם עָרוֹם עֶרֶב עֶלֶם עוֹמֵד

עִתִים תֵּשַׁע שְׁמַע שׁוּעָל עֲנָבִים נָעִים עִבְרִית עָתִיד

מֵעַל שָׁעוֹת בַּעַל נַעַר עָבָר עוּגוֹת עוּל שִׁבְעִים

בְּעִתוֹ עִמָנוּאֵל פְּעוּלָה עָלֵינוּ שׁוֹמְעוֹת הַכּוֹבַע רְגִילָה

Exercise 66: Please return to Exercise 65 and draw a box around the Hebrew equivalent of the English words that follow:

[1] AH-VAHR [2] SHAH-ŌT [3] B'-I-TŌ [4] AH-RŌM [5] SH'-MAH [6] NAH-AHR [7] P'-OO-LAH [8] TEH-SHAH [9] SHAH-AHR [10] AH-TEED

Exercise 67: In the puzzle that follows, please draw a box around the following words:

[1] עוּגָה [2] עָלוּ [3] בַּעַל [4] מֵעַל [5] אֵל

בַּ ע ו גֶ הָ בִ י רֵ אָ בַּ עַ ל מֶ תּ ו שֶׁ תְ לִ דֵ מָ אֵ ל גֶ רִ עָ ל ו מֵ

עֵ כּ ו אָ גֵ ר מֵ עַ ל א ג ו הַ בֵ עִ י ד וֹ לָ הַ בֵּ תּ ו עָ ו גָ ה ם שָׁ

REVIEW

Exercise 68: Please read the following:

הַכִּנוֹר תִּשְׁעָה גְבוּרָה מָרוֹם כִּפּוֹת עַמִנָדָב תּוֹרָתוֹ לִי

שׁוֹאֵל הַאִם בּוֹשָׁה שֵׁירוּתִים בַּפִּנוֹת מְשָׁרֵת שְׁבִיעִי

אַבְרָהָם בֵּיתָם לְנַמְנֵם כְּבָר פּוֹעֶלֶת עָשִׁיר מֵעָרֵי

לִמוּדִים כִּדְבָרָם בּוֹ שׁוּרָה אָמְרוּ פְּגִישָׁה רַב תּוֹדוֹת

אֶל עָל אִגוּד לְאוֹר הַמַבְדִיל לִמוּד שַׁבָּת שָׁלוֹם

הַכּוֹבַע שֶׁלִי פְּרִי פֵּרוֹת פֵּאוֹת כִּתָּה רְאִי הַפִּיל

פּוֹנִים תּוֹרָה אָנָא תִּדְרוֹשׁ פִּתְאוֹם כְּלוּם דְבָרִים עֵד

Exercise 69: Please return to Exercise 68 and draw a box around the Hebrew equivalent of the English words that follow:

[1] L'-ŌR [2] M'-SHAH-REHT [3] PAY-ŌT [4] AH-SHEER

[5] K'-LOOM

Exercise 70: In the puzzle that follows, please draw a box around the following words:

[1] עָרִים [2] שִׁעוּר [3] שָׁבָה [4] שִׁפּוּר [5] נָעֲלוּ

לַ ע וּ כֶ דְ ג וּ הִ נ בֵ אָ רֵ ע שִׁ ע וּ ר דִ גָ אַ ר וֹ שָׁ בָ ה וֹ נ גֶ ד

רֵ לוֹ נָ עַ ל וּ בֶּ גְ גַ רִ א וֹ לַ ם עָ רִ י ם דְ שִׁ ג וּ ע שִׁ פּ וּ ר נָ ל

FONTS

With the advent of the computer, modern Hebrew can now be printed in many different fonts. Below you will find the same sentence written in several fonts. Try reading each.

כַּמָּה תַּלְמִידִים מִכִּתָּה ג׳ יָשְׁבוּ בַּפִּינָּה עַל-יַד הַדֶּלֶת.

כַּמָּה תַּלְמִידִים מִכִּתָּה ג׳ יָשְׁבוּ בַּפִּינָּה עַל-יַד הַדֶּלֶת.

כַּמָּה תַּלְמִידִים מִכִּתָּה ג׳ יָשְׁבוּ בַּפִּינָּה עַל-יַד הַדֶּלֶת.

כַּמָּה תַּלְמִידִים מִכִּתָּה ג׳ יָשְׁבוּ בַּפִּינָּה עַל-יַד הַדֶּלֶת.

כַּמָּה תַּלְמִידִים מִכִּתָּה ג׳ יָשְׁבוּ בַּפִּינָּה עַל-יַד הַדֶּלֶת.

SECTION THREE REVIEW

Thus far, you have studied the following consonants and vowels:

Consonants - א בּ ב ג ד ה ר ת תּ ל מ שׁ י נ כּ ם פּ ע

Vowels - ַ ָ ֶ ְ וֹ ִי ִ ֵי ֵ וּ

If you feel comfortable reading the following vowels, consonants, and words, please proceed to the next section. If you cannot read the following with ease, please review section three before proceeding to section four.

ְ ָ ִ ֶי וּ וֹ ָ ֵ ְ ַ ֵי ִ וּ ָ ֶ ַ וֹ ֵי ֶ ַ וּ ִי

נ ר ג א ל שׁ ם פּ ה ב ת ע פּ בּ ר שׁ כּ תּ

ל נ ג ע ם פּ כּ ת ב א כּ ר ם ד ה ג לִבְנוֹת

לֵאמוֹר רוֹגֵשׁ מַבְדִּיל תַּרְבּוּת כְּבֵדוּתוֹ רוֹתֶתֶת רוֹאִים

שׁוּרוֹת פּוֹעֲלִים שׁוֹאֶלֶת בְּגָדִים מַלְבִּישָׁה רוּת לְשָׁרֵת

עוֹנֶה כּוֹלֵל גָּדוֹל גִּבּוֹר וּשְׁנַיִם כִּנּוֹרוֹת תַּלְמוּד בּוֹנָה

נוֹעֶלֶת וּמַכּוֹלֶת שִׁבְעָה לַפִּיד רָבוּעַ אִמָּא הִכִּיר

בָּמוֹת תְּנוּעָה אֲרוֹנוֹת מֵהַתַּלְמוּד הַכְּתוּבָה רִגּוּל

SECTION FOUR

FINAL NOON (ן)

When the consonant **נ** **(NOON)** comes at the end of a word, it is written **ן** and is pronounced **N** as in **SON.** Note that the **FINAL NOON** extends below the line.

Exercise 71: Please read the following:

ן בֶּן גַּן הֵן מָן דָן שֵׁן לָן כֵּן מִין פֶּן עֵין מִן נוּן

תֵּן נָתַן כַּאן לָבָן אַתֶּן אָרוֹן אָדוֹן עִתּוֹן שָׁעוֹן מָלוֹן

שִׁן דָן מֵבִין מָגֵן שִׁכּוּן הָמוֹן אֵילוֹן גּוֹרֶן עִפָּרוֹן

שִׁמְעוֹן אַהֲרוֹן רִאשׁוֹן דִּבְרֵיהֶן מִתְלוֹנֵן בְּתֵאָבוֹן

Exercise 72: In the puzzle that follows, please draw a box around the following words:

[1] שְׁבוּעוֹן [2] דָּגָן [3] רְאוּבֵן [4] כָּאן [5] פֶּן

כָּ ר וֹ אָ דֶ לְ ן כָּ א ן בְּ תֵ י ע ו פֵּ אָ שָׁ ב וּ עָ ה דָ גָ ן אֵ תְ בֶּ א

מָ דִ גַ ר וֹ אָ ן שְׁ ב וּ ע וֹ ן נֶ מֵ פ וֹ אֶ רְ א וּ בֵ ן שָׁ לְ בַ דֵ הָ ר

אָ ן דִ רֵ עֶ לַ א וּ ן ם שָׁ דְ רֵ ע יָ פֶּ ן א וֹ שִׁ ו ן רְ דֵ גַ כֶּ בָ גֶ נ

TEHT (ט)

The consonant **ט** **(TEHT)** is pronounced **T** as in **IT.**

Exercise 73: Please read the following:

ט טַ טָ טְ טֶ טֵ טֵי טִ טִי טוֹ טוּ טַל טוֹב טֵה

הַבֵּט אַט עֵט נָטַע טָעָה טָעִים טַהֵר טַלִית הַמָטָר

טָמֵא עָטַר שְׁטָר שׁוֹטֵר טֶנֶה בַּשֶׁלֶט לוֹט הַטַּעַם

לְמַטָה וּטְהוֹרָה בָּטֵל טָעוּת מִשְׁפָּט מְטַפֵּל הַבֵּט

Exercise 74: Please return to Exercise 73 and draw a box around the Hebrew equivalent of the English words that follow:

[1] L'-MAH-TAH [2] HAH-BEHT [3] TAH-HEHR [4] SHŌ-TEHR [5] NAH-TAH [6] TAH-OOT [7] TEH-NEH [8] TAHL [9] TAH-AH [10] M'-TAH-PEHL

Exercise 75: In the puzzle that follows, please draw a box around the following words:

[1] שטר [2] טען [3] טעים [4] טבעות [5] טלאי

א ר ת ט ע ן י ש ט ב ע ו ת ה ט ל מ א ה ט ו ב ה נ י א ט ן מ נ

ש ט ר ג כ ל מ ט ע א ט ה ט ע י ם ל ט ל א י ג ט ע ו ת ל ע ר ג

SAHMEHH (ס)

The consonant ס (SAHMEHH) is pronounced **S** as in **SISTER.** Unlike the final mehm (ם), the **SAHMEHH** curves at the bottom right corner.

Exercise 76: Please read the following:

ס סַ סָ סְ סֶ סֵ סֵי סִ סִי סוֹ סוּ סוּס הֵסִיר סוֹד

לָסוּר סַם סַל סָר נֵס סַבָּל סֵרֵב סוֹבֵל הַכִּסֵּא סָבִיב

סִיר סוֹהַר מוּסָר פָּסוּל סֵדֶר סוֹגֵר מָטוּס הַסַּפָּה

סַנְדְּלָר הַכִּים מוֹסַד סוּלָם סִפּוּר סְגָן סִדּוּרִי סָגַר

Exercise 77: Please return to Exercise 76 and draw a box around the Hebrew equivalent of the English words that follow:

[1] HEH-SEER [2] SAH-GAHR [3] HAH-KI-SEH [4] PAH-SOOL
[5] SOO-LAHM [6] MAH-TŌS

Exercise 78: In the puzzle that follows, please draw a box around the following words:

[1] סוֹגֵר [2] סֵרֵב [3] סָבִיב [4] בְּסֵדֶר [5] מוּסָר

סַ בָ מֶ גִ סַ פָּ ה לְ אַ ד וֹ מ וֹ הֵ לַ מ וּ סָ ר אָ שֵׁ דָ גִ רַ ת ס מ ט

לָ רְ בְּ סֵ דֶ ר שֶׁ פַּ טַ הֵ סֵ רֵ ב אָ ג וּ סָ בִ י ב הַ ס וֹ גֵ ר ד ה א

REVIEW

Exercise 79: Please read the following:

סוֹלָם וּמַבִּיט מִתְפַּלְלִים הַרְגָשָׁה הַדְלִי רוֹאִים כַּפּוֹת

נָשִׁירָה סָטָן לְסָרֵב אָמֵן וּתְמוּנָה בּוֹרֵא בַּגַן תַּלְמוּד

הוֹבִיל בַּעוֹלָם מִתְכַּסֶה נוֹטְעִים הָעִתּוֹן מְבַלְבֵּל

סוֹגְרוֹת הָעָב טַעַם רְשִׁימָה הָהֵם הַמוֹנִים סִפּוּרוֹ

תַּבְנִית מְנַגֶּנֶת עִפָּרוֹן סַבְלָנוּת הִבְדִיל מָטוֹס טָסוֹת

Exercise 80: Please return to Exercise 79 and draw a box around the Hebrew equivalent of the English words that follow:

[1] M'-NAH-GEH-NEHT [2] KAH-PŌT [3] SAH-TAHN [4] HAH-AHV [5] BAH-GAHN [6] TAH-AHM [7] HAH-I-TŌN [8] HAH-D'-LEE [9] MAH-TŌS [10] HAH-HEHM

Exercise 81: In the puzzle that follows, please draw a box around the following words:

[1] עולה [2] לדוג [3] פסול [4] מעורב [5] המטוס

ת ו א ג י ל ג פ ס ו ל ט ר ב ש ן ר ת ו מ ו ל ד ה י פ ו ר נ ה

ש ן ו ת ו ל א ג ש ה מ ט ו ס ש ר י ה ת ג ד ל ד ו ג ט נ ג ר

נ ס ט כ מ ן ד ס מ ע ו ר ב ד ת י ם ן ה ע ו ל ה ע ג א ל ו ד

KOOBOOTS (ֻ)

The vowel ֻ **(KOOBOOTS)** is pronounced **OO** as in **ZOO.** The **KOOBOOTS** always comes under the consonant with which it is paired.

Exercise 82: Please read the following:

בֻּ בֻ דֻ גֻ רֻ אֻ טֻ כֻּ לֻ פֻּ שֻׁ נֻ מֻ הֻ עֻ סֻ תֻּ תֻ

הַכֻּבָּה מְדֻבָּר מְסֻפָּר מְלֻמָּד הֻכָּה אֲדֻמָּה מְשֻׁלָּשׁ

הֻגַּד גַּג מְשֻׁבָּר הַכְּתֻבָּה מְנֻגָּן לְאֻמִּי מְשֻׁמָּר מְבֻשָּׁל

כֻּבָּס מְשֻׁאָל מְשֻׁנֶּה מֻגְבָּל הַמְאֻשֶּׁרֶת מֻכָּר נֻדְּדִים

פֻּארָה רֻם מֻרְבָּה מֻרְסָם דֻּגְמָנִית וּגְדֻלָּה מֻרְמֶה

מְאֻרְגָּן רֻשַּׁשׁ מְאֻבָּן מְגֻנְדָּר מֻבְדָּל בֻּסְתָּן מְרֻשָּׁל

Exercise 83: Please return to exercise 82 and draw a box around the following words:

[1] מְרֻשָּׁל [2] נֻדְּדִים [3] רֻשַּׁשׁ [4] מְבֻשָּׁל [5] הֻגַּד

[6] מְשֻׁאָל [7] מְלֻמָּד [8] מֻגְבָּל [9] מֻבְדָּל

FAY (פ)

The consonant פ (FAY) is pronounced **F** as in **IF.**

Exercise 84: Please read the following:

פַ פָ פְ פֶ פֵ פֵי פִ פִי פוֹ פוּ נָפְלָה גֶפֶן נֶפֶשׁ

אֶפֶס בִּפְנִים אָפָה נִפְגָשׁ גַפְרוּר לְהַפְלִיא לִפְנוֹת

אֶפְשָׁר סָפַג עָפָר מוֹפִיעִים כְּתֵפָה רֶפֶת עָפָה

אֲסַפְתָּ הַמִּפְלָגָה אָפֵל רוֹפֵא נִפְלָא אֲפִילוּ מִסּוֹפוֹ

Exercise 85: Please return to exercise 84 and draw a box around the following words:

[1] מִסּוֹפוֹ [2] כְּתֵפָה [3] לִפְנוֹת [4] רֶפֶת [5] בִּפְנִים

Exercise 86: In the puzzle that follows, please draw a box around the following words:

[1] גוּפוֹת [2] סַפְסָל [3] לְאַפְשֵׁר [4] הַסֵּפֶר [5] בֵּן

טֶ ג בֶּ ן פֵ אָ ד וֹ כָ לֶ אֶ פְ שָׁ ר ג וּ פ וֹ ת ר וֹ אִ נֵ מְ סַ ל הַ גֶ פִ

מִ לָ הַ סֵ פֶ ר מַ פָ כְ פֵ לְ אַ פְ שֵׁ ר אָ פִ י סַ פְ סָ ל הָ לֵ נָ א דְ

HEHT (ח)

The consonant ח (**HEHT**) is pronounced **CH** as in **RICHTER SCALE.**

Please note: the ח (**Heht**) and the ה (**Hay**) differ in that the **Hay**'s left leg forms an S - curve and doesn't quite reach the top line, while the **Heht**'s left leg is straight, and attaches solidly to the top line.

Exercise 87: Please read the following:

ח חַ חָ חְ חֶ חֵ חִי חִ חוֹ חוּ חֻ חוּם חָמַד

חַמָה נָח חַם חֵיל אָח שׁוֹלַחַת שַׁחְמָט חָסֵר לֶחֶם

מָחָה הֶחְמִיר חַלָה חַג רֶחֶם חֵיפָה רְחוֹב רַחַמִים

תַחַנָה פַּחַד לַח בְּחֶמְאָה לָחַשׁ נָחוּם חֶרֶב אַחַרֵי

Exercise 88: Please return to Exercise 87 and draw a box around the Hebrew equivalent of the English words that follow:

[1] LEH-HEHM [2] TAH-HAH-NAH [3] AH-HAH-RAY [4] HAH-SEHR
[5] HOOM [6] R'-HOV [7] LAH-H [8] HAYL [9] MAH-HAH

Exercise 89: In the puzzle that follows, please draw a box around the following words:

[1] HAY-FAH [2] HAH-SEHR [3] R'-HOV [4] HEH-REHV
[5] MAH-HAH

אָ ג וֹ גִ תֶ עֱ דְ דָ ר ח וּ ב הַ חָ סֵ ר אִ י נ ס וֹ ם חֵ י פָּ ה וֹ ן דֶ חִ

מֶ עֵ אַ ט וֹ ם גֵ רִ נֵ כּ וֹ שְׁ רֵ לִ חַ עֵ חָ רֶ ה חֶ רֶ ב ם פַּ הֶ רֶ א ו

ן אָ רַ יֵ דֶ ג וֹ הִ מִ יֵ ר כָּ שׁ וּ רְ ח וֹ ב דְ סָ פַּ מָ חָ ה רִ ג בָּ הֵ וּ

FINAL FAY (ף)

When the פ (FAY) comes at the end of a word, it is written ף and is pronounced **F** as in **IF.**

Exercise 90: Please read the following:

ף אַף דַף כַּף בַּסוּף גוּף תּוּף נוּף אֶלֶף הֶרֶף חוֹרֶף

כֶּסֶף הוֹסִיף בּוּמַף אַשָּׁף מוּסָף טָרַף לֶאֱסוֹף הַטָּף

לוֹפֵף אִנֵּף סְנִיף שָׁתוּף רוֹפֵף אֶגְרוֹף רוֹדֵף מִשְׁתַּתֵּף

סַף וּמֵנִיף לְהִתְעַלֵּף וּמַרְתֵּף מִתְאַגְרֵף רַעַף נֶגֶף

תַּחֲלִיף כּוֹסֶף נוֹטֵף לָנוּף מְטוֹרָף שָׁדוּף אָטוּף

לְהִתְחַלֵּף סִלּוּף נִסְתַּחֵף סָעִיף כָּנָף לְהִסְתּוֹפֵף

וּפִילוֹסוֹף לְעוֹף הַנּוּף לִפּוּף שִׁתּוּף שׁוֹלֵף מוּעָף סֶלֶף

Exercise 91: Please return to Exercise 90 and draw a box around the Hebrew equivalent of the English words that follow:

[1] KAH-NAHF [2] HEH-REHF [3] AH-SHAHF [4] LAH-NOOF

[5] SAHF [6] RŌ-FEHF [7] TAH-RAHF [8] BOO-MAHF

[9] MOO-AHF [10] RŌ-DEHF

HAH-TAHF VOWELS

At times, the **PAHTAHH, QAHMAHTS,** and **SEHGOL** combine with the silent vowel, **SH'VAH,** to form a **HAH-TAHF** vowel.

[1] The (ַ) and (ְ) combine to form ֲ (pronounced **AH**).

[2] The (ֶ) and (ְ) combine to form ֱ (pronounced **EH**).

[3] The (ָ) and (ְ) combine to form ֳ (pronounced **AW**).

[4] The (ָ) immediately preceding an (ֳ) is also pronounced **AW.**

Exercise 92: Please read the following:

ֲ ֳ ֱ ֳ ֲ ֱ ֲ ֳ הֲ רֲ אֱ חֲ אֳ הֱ עֳ חֲ בֲ לֳ

אֲנִי תַעֲבוֹד הַנוֹהֲגִים שׁוֹאֲלוֹת לֶאֱהוֹב אָהֳלִים אֱמוּנָה

הֲבָנָה עֲבוֹת אֲדִיבוּת מָעֳמָד הֶעֱלָה אֲדָמָה עֲטָרָה

אֳמָן חֲפִיפָה בֶּאֱמֶת הִתְגָאֲלְתִּי אֲמִיר נֶאֱמָן

חֲבַרְבּוּרָה אֱנוֹשׁ הֶחֱטִיא מַאֲבִים הֶאֱבַדְתֶּן הִתְנַהֲלוּ

נֶעֱגָרִים נַעֲלֶה אֱלִילֵי אֲמַרְנָן הוּעֲרוּ הַחֲמִישָׁה תִשְׁאֲרוּ

מִתְגָאֲלִים מַעֲמָס הֲרוּגוֹת הֶחֱטִיאָה הֶעֱלִימוּ אֲמַתְלָה

REVIEW

Exercise 93: Please read the following:

מִסְתּוֹבֵב רוֹעֶה מוּטָב בִּתּוֹ שִׁירָה מוֹרָתֵנוּ דוֹדוֹת

לַעֲבוֹר סְפָרַד מִתְבּוֹנֵן אָבִינוּ מַלְכֵּנוּ לַבְּרִיאוּת מִדּוֹת

שֶׁל לֶאֱהוֹב שְׁלִישִׁי בְּגַנּוֹ הַנֶּגֶב אִשְׁתּוֹ סֵדֶר מָטוֹס

כָּתֵף גּוֹרֵם לִרְאוֹת מְסֻכָּן פָּסוּל גַּרְעִינִים הוֹסִיפוּ

טָעִים הַמִּשְׁפָּט מַעֲבֶה לִנְהוֹג לְפָרֵט סַפְרָן כּוֹתֶבֶת

Exercise 94: Please return to Exercise 93 and draw a box around the Hebrew equivalent of the English words that follow:

[1] HAH-MISH-PAHT [2] B'-GAH-NŌ [3] SAHF-RAHN [4] PAH-SOOL [5] MI-DŌT [6] KAH-TEHF [7] MAH-TŌS [8] TAH-EEM [9] SHEE-RAH

Exercise 95: In the puzzle that follows, please draw a box around the following words:

[1] SH'-MOO-RAH [2] MI-LEEM [3] B'-REET [4] L'-SHEE-RAH-TŌ [5] AH-TAHF [6] HAH-BEHT [7] P'-SAHN-TEHR [8] TI-PŌT [9] L'-AHT

אֶ לֶ ף תְּ ל וּ נ וֹ תֵ י הֶ ן לְ שִׁ י רָ ת וֹ הֲ מ וֹ נִ י ם גֶ בַּ נְ רִ א

שְׁ מ וּ רָ ה פְּ סַ נְ טֵ ר מְ לֵ אִ י ם עָ טַ ף כִּ מְ עָ ט בְּ לֶ סָ גַ ן

אַ בְ רָ הָ ם בְּ נֵ י בְּ רִ י ת טִ פּ וֹ ת מִ ן לְ אַ ט בֵּ י ן גְּ הֲ נֶ ד

הַ סֵ פֶ ר הַ ד וֹ אָ ר מִ לְ י ם לְ שַׁ לֵ ם הַ בֵּ ט בַּ עַ ל שֶׁ רָ ן ט

ZAHYIN (ז)

The consonant ז **(ZAHYIN)** is pronounced **Z** as in **MAZE.**

Exercise 96: Please read the following:

ז זַ זָ זְ זֶ זֵ זֵי זִ זִי זוֹ זוּ זָז זָן זֶרַע זֶה זוּג גָּזַר

מַזָּל אוֹזֶן אָרַז זָרְעוּ זְמָן גֶּזֶר זוֹרֵם גְּזֵרוֹת רָזִים

מִזְנוֹן מֶזֶג הַזֵּר זַלְמָן גְּזָרִים הַזְמָנוֹת גַּרְזֶן מוּזֵיאוֹן

הֵיזִיזוּ וּזְמִירָתוֹ עָזַב שָׁזַל הִזְכַּרְתֶּן זְהִירוּת הִזְדַּמֵּן

Exercise 97: Please return to Exercise 96 and draw a box around the Hebrew equivalent of the English words that follow:

[1] **GAHR-ZEHN** [2] **HAY-ZEE-ZOO** [3] **ZŌ-REHM** [4] **Z'-HEE-ROOT**

[5] **G'-ZAH-REEM** [6] **RAH-ZEEM**

Exercise 98: In the puzzle that follows, please draw a box around the following words:

[1] הִזְכַּרְתֶּם [2] זְאֵב [3] מְזֻמָּן [4] זוֹהַר [5] לָן [6] זוּ

דַּ סְ אוּ רִ י תֶּ זָ אֶ ל עָ ז וֹ הַ ל ר נֵ י פִּ כָּ ז וּ ג מְ זֻ מָּ ן רֶ שָׁ ה

י הַ זְ לֵ עַ י ר וֹ פֵ א זִ אָ לֶ פַּ זְ אֵ ב ט וֹ ט סְ הִ זְ כַּ רְ תֶּ ם לַ פ

אַ גֶ טָ לִ י ז וֹ הַ ר ם תֵ י ן הֶ מ וֹ שָׁ רֶ סַ טְ ר שֵׁ י עָ לָ ן בֶ נָ ע

YŌD (י)

The consonant **י** **(YŌD)**, when paired with a vowel, is pronounced **Y** as in **YES.**

Exercise 99: Please read the following:

י יַ יָ יְ יֶ יֵ יֵי יִ יִי יוֹ יוּ יֻ יָד יֵשׁ יַם יוֹם דַיָג יָעֵל

יֶלֶד יְלָדִים יוֹשֵׁב יוֹרֶדֶת יוֹמָן יִגְדָל יַעַר יַכֶּה יָדוֹ יָשָׁר

יִגְמוֹר יְלַמֵּד יַגִּידוּ יִשּׁוּב יְזַמְּרוּ יוֹרֶה יָחִיד יְהוּדִי שִׁיר

טֵיל יוֹאָב לְיַבֵּשׁ יְרִידָה שַׁיָּרָה אֲנִיָּה רַדְיוֹ יָפֶה מַאֲפִיָּה

Exercise 100: Please return to Exercise 99 and draw a box around the Hebrew equivalent of the English words that follow:

[1] AW-NEE-YAH [2] YŌ-SHEHV [3] Y'-REE-DAH [4] YI-SHOOV [5] YŌ-AHV [6] YŌ-MAHN [7] YŌ-REH [8] Y'-LAH-MEHD [9] YAHM [10] YAH-FEH

Exercise 101: In the puzzle that follows, please draw a box around the following words:

[1] דַיֶלֶת [2] יִשּׁוּב [3] בַּיִת [4] טֵיל [5] יַלְדוּת [6] הַר

אָ דִ י כְּ ר וּ דִ יַ חֶ ס זֵ דַ יֶ לֶ ת פָּ שִׁ עֲ לֶ יִ שׁ וּ ב אָ פּ וּ סֵ בָ ב

מַ טְ ר וֹ בֵ הֱ בַּ יִ ת יַ כָּ ר וּ לְ דַ יַ לְ ד וּ ת רַ סִ אָ טִ פֵּ ל סֶ לַ ה

נֶ הַ ר וֹ אֱ לַ ם ן ס וֹ טִ יֵ ל אַ דִ הֱ מֶ נְ כַּ ת בֵ א וּ ל דֶ רֵ י רַ ס

KŌF (ק)

The consonant ק (KŌF) is pronounced **K** as in **INK.**

Exercise 102: Please read the following:

ק קַ קָ קְ קֶ קֵ קֵי קִ קִי קוֹ קוּ קֻ קַל קוֹל דַק

טֶקֶס קָם קַר קַשׁ קֵן נָקִי קֶרֶן פָּקַד מִקְרָא קָרִיר

קַפּוֹטָה נָשַׁק קְרָשִׁים קוֹרֵאת קַרְסוֹל קַרְקַע זְקֵנִים

דִקְדוּק רַק קוֹר קִפּוֹד קוֹלְנוֹעוֹת קַדִימָה מוּקְדָם

וּשְׁקֵדִים עַסְקָן קְאָקִים קָרְמַר קָרַן יְרָקוֹת קִיֵם פִּקְפּוּק

Exercise 103: Please return to Exercise 102 and draw a box around the Hebrew equivalent of the English words that follow:

[1] **KAHR-SŌL** [2] **MOOK-DAHM** [3] **KEE-PŌD** [4] **KAH-REER**
[5] **RAHK** [6] **AHS-KAHN** [7] **NAH-SHAHK** [8] **KŌ-REHT**
[9] **PAH-KAHD** [10] **KAHR-MAHR**

Exercise 104: In the puzzle that follows, please draw a box around the following words:

[1] קרע [2] קבלן [3] במקומות [4] קשה [5] קריר

ם א ג ע ר ן ו ש י ת ק ר י ע ן נ פ ק ר י ר ר י ק ר ע ה ד א מ ש ר

א ס י ן ק ו ר ג י ב מ ק ו מ ו ת נ ן ל ם ע ס ג ז ק ש ה ק ס ש ל א

א ג מ ד ש ו ש ק ר ו ה ג א נ ק ב ל ן ס ר ם א ה ב ת ל ה ב ר ד

TSAHDEE (צ)

The consonant **צ** (**TSAHDEE**) is pronounced **TS** as in **HATS**.

Exercise 105: Please read the following:

צ צַ צָ צְ צֶ צֵ צֵי צִ צִי צוֹ צוּ צֻ צַד צָם צֵל

צוּר צֵא מוֹצִיא יֵצֶר צֶדֶק צַעַר צֶבַע צָבָא צִיֵּר צִיּוֹן

רִצְפָּה צִלְצֵל עָצוּר עָצֵל צְפִיפוּת בֵּצִים יְצִיאָה

הַצַּיָּד פָּצָה נִצָּחוֹן צְדָדִי פַּצֶּלֶת עַצְבָּנִי תַּקְצִיב

יוֹעֶצֶת יָצָא צִירָה אַצוֹת מֻרְצֶה צְדָקָה קִיצוֹן צִקְלוֹן

אֶצְבַּע צָרוֹד הִתְנַצְּלוּת קַמְצָן מִפְצָר בְּרָצוֹן בִּצְהָלָה

Exercise 106: Please return to Exercise 105 and draw a box around the Hebrew equivalent of the English words that follow:

[1] PAH-TSAH [2] MIF-TSAHR [3] TSAH-VAH [4] YŌ-EH-TSEHT
[5] TS'-DAH-DEE [6] AH-TSOOR [7] TSIK-LŌN [8] AH-TSŌT
[9] HAH-TSAH-YAHD [10] TSOOR

REVIEW

Exercise 107: Please read the following:

שְׁלוֹמִי בְּתִפְאָרָה אֲהוּבִים וּמֶמְשָׁלָה אֶלֶף נִקְסוֹן נֵר

הַקָּצָר מִגְדָּל שָׁקֵד הִתְלַהֲבוּת הַמְתָּנָה אָבִיב רָשׁוּם

שְׁמַע לְסַמֵּן פָּקִיד הִסְתַּכְּלוּת וּדְבָרִים כְּבָרָה חִסָּרוֹן

לְשַׁמֵּשׁ זוּז מִקְלָט פְּרָטִי לְהִתְחַתֵּן דְּבַשׁ אֲרָמִית שֵׁנִי

Exercise 108: Please return to Exercise 107 and draw a box around the Hebrew equivalent of the English words that follow:

[1] K'-VAH-RAH [2] EH-LEHF [3] D'-VAHSH [4] ZOOZ

[5] SHEH-NEE [6] HAHM-TAH-NAH [7] PAH-KEED

[8] AH-HOO-VEEM [9] RAH-SHOOM

Exercise 109: In the puzzle that follows, please draw a box around the following words:

[1] לרקוד [2] הסתדר [3] צל [4] כלה [5] צרפת

[6] יצא [7] צבע [8] שנים [9] צבר [10] תפקיד

ג ו ז כ ן ש ל ם כ צ ב א ר ת פ ק י ד ל כ י ש צ ל ם ע ה ג

ס פ ג ח ב ג י צ ע צ ב ר ן ה י ם ר ס ה ס ת ד ר ג א נ כ צ

ד ן ש נ י ם ה ו כ ל צ ב ע ג ה י צ א ל מ ד כ ל ה ס ד ג ב

ע ן א י ם ה ו צ ל ג נ י צ ר פ ת ש כ ל ר ק ו ד ג י ז צ י ס

H̲ŌLAHM H̲AHSEHR (ֹ)

The vowel ֹ (**H̲ŌLAHM H̲AHSEHR**) is pronounced **O** as in **GO.** The **H̲ŌLAHM H̲AHSEHR** comes above and to the left of the consonant with which it is paired.

Exercise 110: Please read the following:

דֹ גֹ כֹּ עֹ יֹ לֹ רֹ אֹ פֹּ סֹ בֹּ הֹ נֹ מֹ צֹ תֹ תֹּ זֹ

קֹ עֹמֶר קֹדֶשׁ הַזֹּאת לֹא רֹשֶׁם יָרֹק פֹּה אָדֹם כֹּתֶל

חַרְטֹם תִּלְבֹּשֶׁת וּבָאֹהֶל לַדֹּאַר הַכֹּל מֵהַשֹּׁרֶשׁ צָהֹב

בַּבֹּקֶר חֹמֶר לִגְמֹר חֹרֶב הַזֹּהַר לִזְרֹק דֹּפִי רֹב כְּתֹבֶת

REVIEW

Exercise 111: Please read the following:

עָנוּ מְשָׁלִים סִדּוּר יַעֲקֹב עֵינֵינוּ חַזָּן צְעָדִים רָעֵב

עֹנֶשׁ עֶפְרוֹנוֹת חֹפֶשׁ הַהִיא לוֹקְחִים אֲבָל טֶנֶא רֶגֶל

הֵן נַעֲרוֹ כּוֹסוֹת הִתְחִילָה הַשָּׁעָה מַשֶּׁהוּ בְּרֵירָה

מִטּוֹת דֶּגֶל תֹּסֶס לְאֶרֶז לְסָרֵק שֶׁבְּעוֹד אַחֲרֵי גַּפְרוּר

וּמִיָּד שִׁמְשׁוֹן עֹז מָחָה אֲנָשִׁים לָטוּס יָצָאתִי

מֵהָעֲבוֹדָה לְחַכּוֹת עָזְבוּ חוֹבוּ מָחָר קִבַּלְתִּי הִשְׁתַּדֵּל

Exercise 112: Please return to Exercise 111 and draw a box around the Hebrew equivalent of the English words that follow:

[1] REH-GEHL [2] KŌ-SŌT [3] OO-MEE-YAHD [4] LAH-TOOS

[5] L'-H̲AH-KŌT [6] AH-H̲AH-RAY [7] H̲AH-ZAHN [8] DEH-GEHL

[9] HAH-HEE [10] MAH-H̲AHR [11] HAH-SHAH-AH [12] Ō-NEHSH

Exercise 113: Please draw a box around the following words in the exercise below:

[1] לוֹקְחִים [2] מִטּוֹת [3] בְּרֵירָה [4] יָצָאתִי [5] עָנוּ

[6] רָעֵב [7] אֲבָל [8] עָזְבוּ [9] סִדּוּר [10] שֶׁבְּעוֹד

עָנוּ מְשָׁלִים סִדּוּר יַעֲקֹב עֵינֵינוּ חַזָּן צְעָדִים רָעֵב

עֹנֶשׁ עֶפְרוֹנוֹת חֹפֶשׁ הַהִיא לוֹקְחִים אֲבָל טֶנֶא רֶגֶל

הֵן נַעֲרוֹ כּוֹסוֹת הִתְחִילָה הַשָּׁעָה מַשֶּׁהוּ בְּרֵירָה

מִטּוֹת דֶּגֶל תֹּסֶס לְאֶרֶז לְסָרֵק שֶׁבְּעוֹד אַחֲרֵי גַּפְרוּר

וּמִיָּד שִׁמְשׁוֹן עֹז מָחָה אֲנָשִׁים לָטוּס יָצָאתִי

מֵהָעֲבוֹדָה לְחַכּוֹת עָזְבוּ חוֹבוֹ מָחָר קִבַּלְתִּי הִשְׁתַּדֵּל

SEGOLATE VOWEL PATTERNS

When we speak, we automatically stress certain syllables. In English, for example, we say **WIN-dow**, not **win-DOW,** and we say **al-ter-CA-tion**, not **al-ter-ca-TION** or **al-TER-ca-tion**. English language learners may have difficulty determining which syllable to stress. Not so the Hebrew speakers.

Most Hebrew words are stressed on their final syllable. Thus, **s'-fah-reem** is pronounced **s'-fah-REEM**, **shah-on** is pronounced **shah-ON**, **ah-vo-dah** is pronounced **ah-vo-DAH**, and **mi-tot** is pronounced **mi-TOT**.

However, there are a few instances where one does not stress a word's final syllable. The first of these instances will be discussed here.

When any one of the following two-vowel combinations appears in a word, one stresses the consonant that carries the first vowel:

       [6]   [5]   [4]   [3]   [2]   [1]

Thus:

יֶלֶד   is pronounced **YEH-led**, not **yeh-LED**.

סֵפֶר   is pronounced **SEH-fehr**, not **seh-FEHR**.

בַּ֫יִת is pronounced **BAH-yit**, not **bah-YIT**.

בּ֫וֹקֶר is pronounced **BŌ-kehr**, not **bō-KEHR**.

Exercise 114: Please read the following: (No accents are provided in this exercise.)

Please note - some words below contain segolate vowel patterns and some do not. When you encounter a segolate vowel pattern, always stress the first vowel of the segolate vowel pair; stress all other words on their final syllable.

עֹמֶר רֶקַע עַיִן סֵפֶר יַעַר סֶלַע לַיִל חֹפֶשׁ רֶמֶז אֱמֶת

וּמַיִם סֵתֶר קָרָא נָתַן קֶרֶשׁ אֹהֶל הַשַׁבָּת בֶּגֶד דֶגֶל

חֹרֶב הַחֶרֶב חַמָּה תַּיִשׁ לַכֶּלֶב בַּסֶרֶט צַיִד לָבָן נָבַט

נֵצֶר חָצֵר הַנֶבֶט הַלַחַשׁ נַחַת מִקֶדֶם חֹמֶר חֲמוֹר

סָדַר סֵדֶר חֵלֶב חָלָב חֶדֶל חָדַל מֹתֶן מַתָּן נָמָל נָגַר

נֶגֶר מָנָה מֹנֶה מְנֶה מִנָּה עֵגֶר עָגַר מַגָּר חַם מֶגֶר

חָמַד חֶמֶד פָּגַר פֶּגֶר לֶשֶׁם לְשֵׁם לָתֵת לֶתֶת בָּלַע

SIN (שׂ)

The consonant שׂ **(SIN)** is pronounced **S** as in **SO.**

Exercise 115: Please read the following:

שׂ שַׂ שָׂ שְׂ שֶׂ שֵׂ שֵׂי שִׂ שִׂי שׂוֹ שׂוּ שֹׂ שֱׂ שָׂשׂ

שִׂישׂוּ שָׂם שַׂר שַׂק שִׂים עוֹשֶׂה יִשְׂרָאֵל שָׂעִיר שָׂפָם

יִשָׂא אָשִׂים מַעֲשִׂים מִשְׂרָה לִתְפֹּשׂ מַשָׂאִית נָשִׂיא

שָׂרִיד בְּשׂוֹרָה שָׂרֵי שָׂשׂוֹן שֵׂיבָה יָשׂוּט שָׂמוּ הִשְׂתַּכֵּר

תָּשִׂישׂ נַשִׂיג יִשְׂאוּ שׂוֹגֵב מְשַׂרְטֵט עִשָׂרוֹן שַׂהֲרוֹן

Exercise 116: Please return to Exercise 115 and draw a box around the Hebrew equivalent of the English words that follow:

[1] Ō-SEH [2] NAH-SEEG [3] SAH-EER [4] SAH-MOO [5] MIS-RAH [6] SHAH-HAH-RŌN [7] SAH-REED [8] YI-SAH [9] SAH-RAY [10] NAH-SEE

REVIEW

Exercise 117: Please read the following:

מְבַשֶּׂרֶת מְזוּזָה מְקָרֵר עֶלְיוֹן שְׂמֵחִים מוּסָר עוֹל כֵּן

שַׂק מִסְתַּפֵּק נִפְסָק שְׂעָרוֹת הֶרֶף הַפְגָּנָה נִשְׂרֶפֶת

VAHV (ו)

The consonant ו (VAHV) is pronounced **V** as in **HAVE.**

Please note: When the **VAHV** has a dot on top (וֹ), it is pronounced **O** as in **SO.** When the **VAHV** has a dot in the middle (וּ), it is pronounced **OO** as in **MOO.**

Exercise 118: Please read the following:

ו וַ וָ וְ וֶ וֵ וֵי וִ וִי ווֹ וּו קַו וְעֵט וֹתֶק וְצָאוֹר וְהוֹרֵשׁ

הִתְנַוָּה יָוָן זָוִית אַוָּז עָוָה דָּוִד וְדַיָּן אַוִּיר גִּיו עַוְלָה

הַגָּוִית עָווֹן דַּוָּר שָׁוֶה וְרֶדָה וְשָׁמְרוּ רַוָּק וְאוֹת תִּקְוָה

גֵּוג וּגְוִילָם קְוִיצָה גִּוּון תָּוִית וָלָד הִתְוַדְּעוּת גְּוָנָה

אַוִירוֹן מִצְוָה הָאֱוִיל מִתְנַוָּה רְוָיָה וַתְרָן וְתָקוּת וְגַאֲבָה

Exercise 119: In the puzzle that follows, please draw a box around the following words:

[1] דֶגֶל [2] נִפְסָק [3] מוּל [4] קֹדֶם [5] לְשַׁמֵשׁ

אַ טִ וּ דַ לְ שֶׁ פֶּ קָ מ וּ ל גִּ נָ דֵ סְ טִ י הֶ כֶ נִ פְ סָ ק מ דַ רֶ כָ ה

סֵ י אַ רִ י כ וּ אַ דֶ גֶ ל דְ הַ פְּ גָ נָ ה שִׁ י קֹ דֶ ם רֵ הָ ם לָ בֶ ע

סֶ קֶ ר הַ שִׁ מְ לָ ה גִ לָ י וֹ ן ע וֹ שֶׁ תֶ מֵ י לְ שַׁ מֵ שׁ וּ רָ סֵ פֶּ ר

VAHV (CONTINUED)

When a ו (VAHV) follows a **HEERIK-YŌD** (ִיו), it is pronounced **EEV** as in **EVE.** When a ו (VAHV) follows a **QAHMAHTS-YŌD** (ָיו), it is pronounced **AHV** as in **SUAVE.**

Exercise 120: Please read the following:

אָבִיו פִּיו אָחִיו עָלָיו אֵלָיו יָדָיו דְּבָרָיו רַגְלָיו תַּלְמִידָיו

מַעֲשָׂיו עֲבָדָיו בְּרִיּוֹתָיו וְרַחֲמָיו חֲסִידָיו לְפָנָיו שֻׁלְחָנוֹתָיו

REVIEW

A **VAHV** with its own vowel (וְ) is pronounced **V** as in **HAVE.**

A **VAHV** with a dot on top (וֹ) is pronounced **O** as in **SO.**

A **VAHV** with a dot in the middle (וּ) is pronounced **OO** as in **ZOO.**

A **VAHV** following a ִי (ִיו) is pronounced **EEV** as in **EVE.**

A **VAHV** following a ָי (ָיו) is pronounced **AV** as in **SUAVE.**

Exercise 121: Please read the following:

תַּלְמוּד אַפְלַטוֹן הָעִפָּרוֹן מִשְׁקָפַיִם לַמּוֹרִים הַשִּׂמְלָה

מִלְּפָנָיו בַּקְבּוּק סֵפֶל גִּלָּיוֹן שָׁמַיִם אַרְנָק הַלְלוּיָה פֶּסֶל

HAWF (כ)

The consonant כ (HAWF) is pronounced **CH** as in **Richter Scale.**

Exercise 122: Please read the following:

כִ כַ כָ כְ כֶ כֵ כֵי כִ כִי כוֹ כוּ כֻ כֹ לְכִי אָכֵן

אָכְלוּ מְכוֹנִית בָּכִי וּשְׁכוּנָה בְּרָכָה לִכְבוֹד כָּכָה

הוֹלֶכֶת נָכוֹן וְעָכֶם מִיכָה בְּכַמָּה בָּרֶכֶב הַתַּכְלִית

וּבְכֵן וְכַלָּה זִכְרִי וַיֵּלְכוּ בְּכוֹר לְכַבֵּד אוֹכְלוֹת מַלְכוּת

בָּרְכוּ וּמְכִירָה הַמַּכְתֵּבָה נִכְנָס וְכָסַס הָלְכָה לָכֶשׁ

תַּכְשִׁיר הֲכָנָה מוּכָן רְכֻלָּה בִּכְרָה הִכְבִּיד מֵכִין

תִּכְבֹּסֶת סְבָכָה תַּכְסִיסָן וְשָׁכְבוּ הַכְנָסָה מְכֻפָּל

Exercise 123: Please return to Exercise 122 and draw a box around the Hebrew equivalent of the English words that follow:

[1] V'-HAH-LAH [2] BIH-RAH [3] BAHR-HOO [4] S'-VAH-HAH
[5] LIH-VŌD [6] HAH-HAH-NAH [7] M'-HOO-PAHL [8] B'-HAH-MAH
[9] HAHL-HAH [10] AH-HEHN

Exercise 124: In the puzzle that follows, please draw a box around the following words. Find the two words not included in the puzzle.

[1] וַיֹּאמֶר [2] מְכִירָה [3] לְהַבְדִּיל [4] וֶרֶד

[5] שְׂפָתָיו [6] הַמְּלוּכָה [7] וַיְכַל [8] לֵוִי

זְ כּ מֵ י כֶ אוּ ר וַ א הִ בְ וֶ רֶ ד לֵ וִ י נֵ ס וַ יֹ א מֶ ר הַ גָ ר תֵ צ

צֵ עֶ ט רָ לְ שְׂ פָּ תָ י ו מְ בִ י רַ ה תֶ ר אֲ לָ י ט שְׂ יְ דָ נֵ ז סַ פֶּ

שָׂ עֵ סֶ רַ אֹ טֶ לְ הַ בְ דִ י ל נ פּ וַ יְ כַ ל הִ זָ סְ כֵ ר קַ מֶ ג מִ שַׁ

REVIEW

Exercise 125: Please read the following:

שְׁלִיחוּת לַעֲבוֹד מְהֵרָה סַבְלָנוּת מַכְתֵּבָה מִירוּשָׁלַיִם

וּבִכְלָל רִיצָה מֶכֶם וּצְדָקָה קוֹבַעַת בְּשִׂמְחָה הֶחָתָן

בַּצָּהֳרַיִם חֲבִיטָה יָפָה הַשִּׁלְטוֹן לְמוּדָיו חֲקִירוּת וְעֵצִים

אָבִיו כַּלָּנִיּוֹת לְהָטִים בְּהַצְלָחָה לַבְּרָאוּת הַמַּרְצֶה

בִּרְצִפּוּת הַהַקְדָּמָה וְעָיֵף מַכְשִׁיר בְּרֵאשִׁית לְהִשְׁתַּלֵּם

FINAL TSAHDEE (ץ)

When a צ (**TSAHDEE)** is the final consonant of a word, it is written

ץ and is pronounced **TS** as in **HATS.**

Exercise 126: Please read the following:

ץ קֵץ עֵץ מִיץ רוּץ חוּץ נֵץ צִיץ קַיִץ מִקֵּץ אֶרֶץ

אָץ קִבּוּץ בַּבּוּץ לְהָקִיץ מִתְפּוֹצֵץ קוֹפֵץ חָרוּץ וּמַמְלִיץ

תָּמוּץ יַרְבִּיץ נָחוּץ לְגָהֵץ שֶׁרֶץ הֶחָלוּץ וְחָמֵץ בַּחוּץ

יוֹעֵץ קָבֶץ לוֹצֵץ וּמְגַהֵץ פָּרוּץ יָעוּץ נִמְרָץ מְאֻמָּץ

נִצְנוּץ קָמַץ בּוּץ הִתְאַמֵּץ בִּצְבֵּץ וְנוֹצֵץ הֵאִיץ נָפוּץ

Exercise 127: Please return to Exercise 126 and draw a box around the Hebrew equivalent of the English words that follow:

[1] SHEH-REHTS [2] OO-MAHG-HEHTS [3] V'-NŌ-TSEHTS
[4] KŌ-FEHTS [5] MI-KEHTS [6] KAH-MAHTS [7] NAH-FOOTS
[8] BAH-HOOTS [9] NEHTS [10] M'-OO-MAHTS

FINAL <u>H</u>EHT / FINAL AHYIN with a PAHTAH<u>H</u> (חַ \ עַ)

The <u>H</u>EHT and AHYIN often serve as the final consonant of a word. If they are vocalized with a PAHTAH<u>H</u> :

[1] The <u>H</u>EHT will be written חַ and will be pronounced **ACH** as in **S<u>ACH</u>ER TORTE.**

EXAMPLE: נֹחַ is pronounced **NO-AH<u>H</u>.**

[2] The **AHYIN** will be written עַ and will be pronounced **AH.**

EXAMPLE: שׁוֹמֵעַ is pronounced **SHŌ-MEH-AH.**

[3] The accent will <u>never</u> fall on the final עַ or חַ ; it will <u>always</u> fall on the syllable immediately preceding the final עַ or חַ .

<u>Exercise 128: Please read the following:</u>

עַ חַ לוּחַ רוּחַ שׁוֹמֵעַ בּוֹלֵעַ נֹחַ פָּתוּחַ קוֹרֵעַ פּוֹגֵעַ

נוֹטֵעַ יָרֵחַ לוֹקֵחַ בּוֹקֵעַ שׁוֹקֵעַ מֵנִיחַ פּוֹרֵחַ יוֹדֵעַ תּוֹקֵעַ

וְנִצֵּחַ שָׂמֵחַ נוֹגֵעַ שׁוֹלֵחַ וְיָדוּעַ וְנוֹסֵעַ בּוֹרֵחַ לָשׂוּחַ

נוֹבֵחַ תָּחוּחַ שָׂמוּחַ קָבוּעַ מוֹשִׁיעַ הִדִּיחַ לִמְרֹחַ לִקְבֹּעַ

Exercise 129: Please return to Exercise 128 and draw a box around the following words:

[1] וְנוֹסֵעַ [2] שׁוֹקֵעַ [3] קוֹרֵעַ [4] מֵנִיחַ [5] לִקְבֹּעַ

[6] בּוֹרֵחַ [7] יוֹדֵעַ [8] בּוֹלֵעַ [9] נוֹבֵחַ [10] נוֹגֵעַ

Exercise 130: Please read the following:

אֱלֶף יְסוֹדִי לְבַלּוֹת קֻמְקוּם שַׁחְמָט סָרַג רוֹתֵחַ

פַּרְפֶּרֶת מְכַבֶּה פָּסוּל הִתְלַבֵּשׁ מָגֵן יוֹמָן מִתְבַּצֵּץ

רַמְבַּם הַצְלַחַת הִתְנַבְּדָה חֶסֶד מְנַצֵּחַ אֲנָקָה מְדוֹכִים

יָוָן וְדַעַת לְפַשְׁפֵּשׁ בְּרֵכָה לַתַּחֲנָה מְכֻבָּד סֻלָּם וּרְאֵה

בְּנוֹגֵעַ נַחְשׁוֹן מַרְדַּעַת הַבְרָקָה חֵרֵשׁ פְּרָחִים זְמָן

וְרִצְפָּה כְּלִי מִתְגַּלְגֵּל חֲבַצֶּלֶת מַמְתַּקִּים הוֹצִיא אֶלָּא

לִוְיָתָן בְּרֹאשׁוֹ סֻכָּר עֵר הַפְתָּעָה הִשְׁאִיל מָכַר חָרוּץ

לְבַשֵּׁל נִמְנַע הִתְיָרוּת וְסֵדֶר מַחְבֶּרֶת חִפָּזוֹן וּבִלְתִּי

נוֹתָר כּוֹעֶסֶת וְעָזְבָה שִׁטְחִי עֲלִיָּה הַבַּקְבֻּק קִיקָיוֹן

פְּרָס הַפְגָנָה מְפֹאָר מְדִינִיּוֹת רִכּוּז וְיוֹם אַמְתַּחַת

חֲזָרָה לַחֲכּוֹת נַקְדָן קִדּוּם פָּסַק כְּלוֹמַר וְעוֹמֵד

FINAL H̲AWF (ךְ)

When the כ (H̲AWF) is the final consonant of a word, it is written ךְ and pronounced **CH** as in **Ric̲h̲ter Scale.**

Exercise 131: Please read the following:

ךְ לָךְ בָּךְ מִמֵּךְ עִמָּךְ שֶׁלָּךְ עָלַיִךְ שְׁמֵךְ דוֹדָתֵךְ

מוּסָךְ מִתַּלְמִידֵךְ וּמֶלֶךְ וְשָׂרַיִךְ בְּיָדֵךְ נִסְמָךְ אֵלַיִךְ

FINAL H̲AWF VOCALIZED WITH A QAHMAHTS (ךָ)

When the ך is vocalized with a **QAHMAHTS** (ךָ), it is pronounced כָ (H̲AH).

Exercise 132: Please read the following:

לְךָ מִמְּךָ שִׁמְךָ תּוֹרָתְךָ שֶׁלְּךָ תַּלְמִדְךָ דוֹדְךָ שְׁלוֹמְךָ

קִבּוּצְךָ גּוּפְךָ מְנוֹרָתְךָ אֲרוֹנְךָ סַכִּינְךָ פְּקִידָתְךָ דְּבָרְךָ

Please note: if the ךָ is preceded by a consonant vocalized with any of the following vowels - (ֶ), (ֶי), (ִי), or (וֹ), the accent will always fall on the consonant preceding the ךָ .

EXAMPLE: כָּמוֹךָ אָבִיךָ מַעֲשֶׂיךָ

Exercise 133: Please read the following:

ךְ שֶׁלְּךָ מִמְּךָ שְׁלוֹמְךָ שִׁמְךָ כָּמוֹךָ בְּךָ מַלְכוּתְךָ לָךְ

עֵינֶיךָ תּוֹרָתְךָ עַמְּךָ לְבָבְךָ קָדְשָׁתְךָ תְּהִלָּתְךָ בְּשִׁבְתְּךָ

כַּדְּךָ שִׁירֶיךָ וּבְקוּמֶךָ לְבָבְךָ בִּשְׁעָרֶיךָ בְּרַחֲמֶיךָ יָדֶיךָ

Occasionally, one finds a **FINAL H̲AWF** ך with both a **QAHMAHTS** and a **DOT** in its center (ךָּ). The ךָּ is pronounced כָּ as in **CALL.**

Example: מִמֶּךָּ is pronounced **MI-MEH-KAH.**

Exercise 134: Please read the following:

אוֹדְךָּ אֲרוֹמִמְךָּ אֲבָרְכֶךָּ וְחָנֶּךָּ אַשְׂבִּיעֶךָּ

DIPHTHONG: (ַי / ָי / וֹי / וּי)

The vowels **PAHTAHH, QAHMAHTS, HŌLAHM** and **SHOOROOK** can be followed by a **YŌD.** When they are followed by a **YŌD,** they become diphthongs and are pronounced as follows:

[1] ַי and ָי are pronounced **"EYE."**

[2] וֹי is pronounced **"OY"** as in **"TOY."**

[3] וּי is pronounced **"OOY"** as in **"CHOP SUEY."**

Exercise 135: Please read the following:

וֹי גוֹי עֵינַי רַגְלַי שִׁירַי עָלַי בְּחָיָי וָי אֶחָי רֵעַי רָאוּי

סָמוּי וּי תָלוּי נָשׁוּי פָּנוּי בָּנוּי צָפוּי וּמָתַי אוֹי גִלוּי יָדָי

עִלוּי מוֹרוֹתַי רָצוּי רַבּוֹתַי בְּוַדַּאי צִוּוּי סִכּוּי מִשְׁפָּטַי

DOTS IN LETTERS OTHER THAN (פּ / כּ / בּ)

If you read a vocalized Hebrew text, you will often encounter dots in consonants other than פּ / כּ or בּ . These dots have no effect on the consonants' pronunciation.

(ת / תּ) IN ASHKENAZI AND MODERN ISRAELI HEBREW

In Ashkenazi Hebrew (the Hebrew of many Orthodox Synagogues), one distinguishes between the ת and the תּ . Without the dot in the center, the ת is pronounced **S**. With the dot, it is pronounced **T**. In Modern Israeli Hebrew, both the תּ and the ת are pronounced **T**.

A SEHGŌL FOLLOWED BY A YŌD (‎יֶ)

At times, one finds a **SEHGŌL** followed by a **YŌD** (‎יֶ). The presence of the **YŌD** does not affect the pronunciation of the **SEHGŌL**; The **SEHGŌL** is always pronounced **EH**.

HAHTAHF-QAHMAHTS (‎ָ)

Generally, the **QAHMAHTS** (‎ָ) is pronounced **AH** as in **FATHER**.

On two occasions, however, the **QAHMAHTS** is pronounced **AW** as in **SQUAW:**

[1] Whenever the **QAHMAHTS** precedes a **HAHTAHF-QAHMAHTS** (‎ָ), the **QAHMAHTS** and **HAHTAHF-QAHMAHTS** are both pronounced **AW**.

Example: ‎בָּאֳנִיָּה   is pronounced   (BAW-AW-NI-YAH).

[2] When a noun's initial consonant is vocalized with a **QAHMAHTS**, and its second consonant is vocalized with a **SH'VAH** (‎ְ), the **QAHMAHTS** may be pronounced **AW** instead of **AH**.

Examples: ‎מָרְדְּכַי   אָסְנַת   כָּל   קָרְבָּן   חָרְבָּן

80

NON-TRADITIONAL SYLLABIC STRESS

We noted above that most Hebrew words are stressed on their final syllable. We also noted that in words with segolate stress, the stress generally falls on the syllable bearing the first of the two segolate vowels.

Examples: יָדַיִם בַּיִת שַׁעַר בֹּקֶר יֶלֶד שׁוֹמֶרֶת יוֹדַעַת

We saw, further, that when a word ends in a (ךָ), the stress moves to the penultimate position if the vowel preceding the (ךָ) is a **sehgōl** (ֶי / ֶ), **h̲ōlahm** (וֹ), **shoorook** (וּ), or **h̲eerik** (ִי / ִ).

Examples: שִׁירֶיךָ אָבִיךָ יְבָרְכוּךָ כָּמוֹךָ

There is a third time that the stress is moved from the final syllable; the penultimate stress is frequently found in the preterite (past tense).

Examples: סִפַּרְנוּ הִרְגִּישׁוּ הִתְלַבַּשְׁתִּי גָּמַרְתִּי

TROP MARKINGS

The Biblical text will often include markings above and below various consonants in a word. These markings, called the **Trop**, are musical notes. When reading words marked with **Trop** notes, read the words as if the **Trop** markings were not there.

ABBREVIATIONS

English abbreviations are either punctuated with periods -- U.S.A., Ph.D., P.M., or written as acronyms -- ARCO, IBM, NBC.

Hebrew abbreviations are denoted by two slanting lines (") generally hovering to the left of the penultimate (second to the last) consonant of the abbreviated word.

Examples: רַמְבַּ"ם is pronounced **RAHM-BAHM**. רַדַ"ק is pronounced **RAH-DAHK**.

Note: Some Hebrew words are written in abbreviated form, but are meant to be read as if they were written out in their entirety. It is not possible, merely by looking at the text, to determine the correct pronunciation.

Example: מ"ט is meant to be read מַזָל טוֹב.

FOREIGN PRONUNCIATIONS

There are languages whose sounds can not always be produced by using standard Hebrew characters. When Hebrew must reproduce a foreign sound for which it has no equivalent consonant, it places a slanted line over the consonant it is trying to approximate. The slanted line signifies a foreign pronunciation.

Example: Hebrew does not have a consonant that produces the sound **J** as in **JIM**. JIM, in Hebrew, is written גִ'ים . Although the **Gimehl** is traditionally pronounced **G** as in **GO**, when a slanted line is added, it is pronounced **J** as in **JIM**.

THE LORD'S NAME (יי / יהוה)

There is a tradition in Hebrew not to pronounce the four letter name of the Lord. To avoid such pronunciation, the Name, whether written יי or יהוה is always pronounced **AH-DŌ-NAI.**

READING AND WRITING

CURSIVE SCRIPT

Writing Exercise 1: The בּ, ב, and א are written in Hebrew cursive script as follows:

בּ = בּ

ב = ב

א = א

Please use the space below to copy Exercise 15, lines 2-4, in cursive script.

בֶּבָ אָ בֶּבַ אֶ אַ בָּאָ אֶבַ ב בֶּ אֶ בַּ אַ אַבָּא בָא

בָּאָ אֶב בּאָ אַאֶ בַבָ אָב בָא בַּב בֶא בֶּאָ אֶבָּא

בֶּבָ בַּאֶ בָּאָ אֶאָ אֶבַ אֶב בָּאֶ בַּב בֶּב אַבֶּא אָ

____

____

____

Please read the following exercise (Exercise 15, lines 2-4):

בֶּבָ אָ בֶּבַ אֶ אַ בָּאָ אֶבַ ב בֶּ אֶ בַּ אַ אַבָּא בָא

בָּאָ אֶב בּאָ אַאֶ בַבָ אָב בָא בַּב בֶא בֶּאָ אֶבָּא

בֶּבָ בַּאֶ בָּאָ אֶאָ אֶבַ אֶב בָּאֶ בַּב בֶּב אַבֶּא אָ

Writing Exercise 2: The ג is written in Hebrew cursive script as follows:

ג = ג

Please use the space below to copy Exercise 19, lines 2-4, in cursive script.

בּ בְּ בַּ בָּ בֶּ ג גַ גָ גַ בַּ אַ גְ גְגֶ גַג בַּג אַג אֶג

בֶּג בַּג גֶג אָבָ בֶּגָ גַג גָג גֶג אֶגֶג גַבֶּג אֶבֶג בְּגָא

בְּבַּג גַבָּא בַּגַג גֶבָּא אַגָב אָג גְבָב בְּאֶג בֶּגַא בַּאַג

Please read the following exercise (Exercise 19, lines 2-4):

בּ בְּ בַּ בָּ בֶּ ג גַ גָ גַ בַּ אַ גְ גְגֶ גַג בַּג אַג אֶג

בֶּג בַּג גֶג אָבָ בֶּגָ גַג גָג גֶג אֶגֶג גַבֶּג אֶבֶג בְּגָא

בְּבַּג גַבָּא בַּגַג גֶבָּא אַגָב אָג גְבָב בְּאֶג בֶּגַא בַּאַג

<u>Writing Exercise 3:</u> The ד is written in Hebrew cursive script as follows:

ד = 3

Please use the space below to copy Exercise 21, lines 2-4, in cursive script.

דָ אָד גָד דַד בָּד אָב דָג גָאַב דָאַג בָּדָד דַד אָב

אַגֶד דָד אֶדָג אַגָב בְּגֶד גְדַד אֶגֶד בֶּגֶד דָג גָדַא

אָבַד גְאָד דֶבֶג דֶב בְּגָד גְאֶב בָּגַג גַב בְּאָב גַגֶד אֶד

Please read the following exercise (Exercise 21, lines 2-4):

דָ אָד גָד דַד בָּד אָב דָג גָאַב דָאַג בָּדָד דַד אָב

אַגֶד דָד אֶדָג אַגָב בְּגֶד גְדַד אֶגֶד בֶּגֶד דָג גָדַא

אָבַד גְאָד דֶבֶג דֶב בְּגָד גְאֶב בָּגַג גַב בְּאָב גַגֶד אֶד

Writing Exercise 4: The **ה** is written in Hebrew cursive script as follows:

$$ה = ꭱ$$

Please use the space below to copy Exercise 24, lines 2-4, in cursive script.

אָנַג הָאַבָא הָאָב הַבָּאָה אָהַד חַגָד דָאַגָה דַג

תַּבֶּגֶד הַגָדָה אַגָדָה הַדָג הֶדַד אָתַב אַהַדָה תַּבָּדָד

תַּגָדָה אַהֶדָה אַהַבָה הָאַגָד הָבָה גָאַבָה הַבְהַב גָדָה

_____

_____

_____

Please read the following exercise (Exercise 24, lines 2-4):

89

Writing Exercise 5: The ר is written in Hebrew cursive script as follows:

ר = ר

Please use the space below to copy Exercise 27, lines 3-5, in cursive script.

רָב רַבָּה גָרָה בָּרָא רְאֶה דַרְגָה רֶד הַר אֶרֶג הַבָּר

אַרְבֶּה אַגָב דַבֶּר רֶגָה הַגָר בָּרָד אַר אַג בְּרָאָה רַד

הָרָה הֶרְאֶה בָּגְרָה גָבְרָה אֶגָר הַגֶבֶר גָאַב דַבָּר דָג

Please read the following exercise (Exercise 27, lines 3-5):

רָב רַבָּה גָרָה בָּרָא רְאֶה דַרְגָה רֶד הַר אֶרֶג הַבָּר

אַרְבֶּה אַגָב דַבֶּר רֶגָה הַגָר בָּרָד אַר אַג בְּרָאָה רַד

הָרָה הֶרְאֶה בָּגְרָה גָבְרָה אֶגָר הַגֶבֶר גָאַב דַבָּר דָג

Writing Exercise 6: The ת/תּ are written in Hebrew cursive script as follows:

תּ = תּ

ת = ת

Please use the space below to copy Exercise 29, lines 2-4, in cursive script.

דַת אֶת בַּת תָג תָא תֶה אַתְ תַת תֶת גֶת אָתָא

אַתָה הֶתֶר אֶתְגָר תְתָאֶר תְדַבֵּר תַרְבֶּה רַבַּת בֶת

בָּרַת בָּתַר הַכַּת תְגָרֶד אַגָדַת גָאַתְ רַבָּת גְדֶרַת

____

____

____

Please read the following exercise (Exercise 29, lines 2-4):

דַת אֶת בַּת תָג תָא תֶה אַתְ תַת תֶת גֶת אָתָא

אַתָה הֶתֶר אֶתְגָר תְתָאֶר תְדַבֵּר תַרְבֶּה רַבַּת בֶת

בָּרַת בָּתַר הַכַּת תְגָרֶד אַגָדַת גָאַתְ רַבָּת גְדֶרַת

Writing Exercise 7: The ל is written in Hebrew cursive script as follows:

ל = ל

Please use the space below to copy Exercise 31, lines 2-4, in cursive script.

בַּל לָה לֶב אַל אֶל תַּל לָג רַל לַג לֶל לָה לְדַבֵּר

גַּלְגַּל רַלְבַּג לְהַגֵּר לָהָב בְּרֶגֶל לָרַב אַל לָא בֶּרֶל

הַלֶּל לְגָדֵר בֶּהָלָה לַגְלֶג לַגַג אֶלְגָר דַל בָּל דֶל לֶבֶד

Please read the following exercise (Exercise 31, lines 2-4):

בַּל לָה לֶב אַל אֶל תַּל לָג רַל לַג לֶל לָה לְדַבֵּר

גַּלְגַּל רַלְבַּג לְהַגֵּר לָהָב בְּרֶגֶל לָרַב אַל לָא בֶּרֶל

הַלֶּל לְגָדֵר בֶּהָלָה לַגְלֶג לַגַג אֶלְגָר דַל בָּל דֶל לֶבֶד

Writing Exercise 8: The וֹ is written in Hebrew cursive script as follows:

וֹ = וֹ

Please use the space below to copy Exercise 34, lines 1-3, in cursive script.

בּוֹ אוֹ דוֹ הוֹ גוֹ בּוֹ תּוֹ רוֹ לוֹ בּוֹא תּוֹר דוֹב אוֹת

הוֹבֶה הוֹדוֹ רוֹאֶה הַבּוֹר דוֹר לְדוֹר רוֹבֶה הַבּוֹגֶדֶת

רוֹב אוֹהֶבֶת אֲגָדוֹת אוֹרוֹת רוֹאָה לַתּוֹרָה בּוֹדֶד

Please read the following exercise (Exercise 34, lines 1-3):

בּוֹ אוֹ דוֹ הוֹ גוֹ בּוֹ תּוֹ רוֹ לוֹ בּוֹא תּוֹר דוֹב אוֹת

הוֹבֶה הוֹדוֹ רוֹאֶה הַבּוֹר דוֹר לְדוֹר רוֹבֶה הַבּוֹגֶדֶת

רוֹב אוֹהֶבֶת אֲגָדוֹת אוֹרוֹת רוֹאָה לַתּוֹרָה בּוֹדֶד

Writing Exercise 9: The מ is written in Hebrew cursive script as follows:

מ = מ

Please use the space below to copy Exercise 37, lines 1-3, in cursive script.

מ מַ מָ מְ מֶ מוֹ מוֹר מֶרֶד מְאוֹד מַה מֶה בָּמָה

מוֹלֶדֶת תָּמָר אַמוֹת דוֹמֶה אֲמוֹרָה אוֹמֶרֶת מוֹרוֹת

מוֹרוֹ לֶאמוֹר דוֹמֶמֶת גוֹמֶר הַגָּרוֹת אַלְמְגוֹר הָאֲדָמוֹת

____

____

____

Please read the following exercise (Exercise 37, lines 1-3):

מ מַ מָ מְ מֶ מוֹ מוֹר מֶרֶד מְאוֹד מַה מֶה בָּמָה

מוֹלֶדֶת תָּמָר אַמוֹת דוֹמֶה אֲמוֹרָה אוֹמֶרֶת מוֹרוֹת

מוֹרוֹ לֶאמוֹר דוֹמֶמֶת גוֹמֶר הַגָּרוֹת אַלְמְגוֹר הָאֲדָמוֹת

<u>Writing Exercise 10:</u> The שׁ is written in Hebrew cursive script as follows:

שׁ = שׁ

Please use the space below to copy Exercise 41, lines 1-3, in cursive script.

שׁ שַׁ שָׁ שְׁ שֶׁ שׁוֹ שַׁשׁ שֶׁשׁ שָׁר שֶׁד דַשׁ דֶשֶׁא

הַשֶׁד שׁוֹרֶשׁ בְּשַׁבָּת הַשּׁוֹר הַגָּשַׁשׁ שְׁגָגָה גֶשֶׁר

שׁוֹבֶרֶת שֶׁלוֹ אֲשֶׁר מִשַׁמְרוֹת שֶׁלֶג שְׁלוֹמוֹ רֶשֶׁת

Please read the following exercise (Exercise 41, lines 1-3):

שׁ שַׁ שָׁ שְׁ שֶׁ שׁוֹ שַׁשׁ שֶׁשׁ שָׁר שֶׁד דַשׁ דֶשֶׁא

הַשֶׁד שׁוֹרֶשׁ בְּשַׁבָּת הַשּׁוֹר הַגָּשַׁשׁ שְׁגָגָה גֶשֶׁר

שׁוֹבֶרֶת שֶׁלוֹ אֲשֶׁר מִשַׁמְרוֹת שֶׁלֶג שְׁלוֹמוֹ רֶשֶׁת

Writing Exercise 11: The י is written in Hebrew cursive script as follows:

י = י

Please use the space below to copy Exercise 45, lines 2-4, in cursive script.

בּ שׁ בְּלִי אוֹרִי אִמָּא רַבִּי דוֹדִי גִּבּוֹר דְּלִי שֶׁלִּי רִיבָה

גִּיר שִׁשָּׁה מוֹרָתִי שִׁירָתִי שִׁירִי אִשְׁתִּי בְּלִבִּי שִׁישִׁי

לִבְרוֹא מִדָּה שִׁירָה מֶמְשַׁלְתִּי לִיאוֹרָה לִשְׁמוֹ גִּילָה

____

____

____

Please read the following exercise (Exercise 45, lines 2-4):

בּ שׁ בְּלִי אוֹרִי אִמָּא רַבִּי דוֹדִי גִּבּוֹר דְּלִי שֶׁלִּי רִיבָה

גִּיר שִׁשָּׁה מוֹרָתִי שִׁירָתִי שִׁירִי אִשְׁתִּי בְּלִבִּי שִׁישִׁי

לִבְרוֹא מִדָּה שִׁירָה מֶמְשַׁלְתִּי לִיאוֹרָה לִשְׁמוֹ גִּילָה

Writing Exercise 12: The נ is written in Hebrew cursive script as follows:

נ = נ

Please use the space below to copy Exercise 49, lines 1-3, in cursive script.

נ נְ נַ נָ נֶ נוֹ נִ נִי בְּנִי בְּנוֹ אֲנִי תְּנִי גַּנּוֹ בְּגַנִּי נָא

נָבִיא בָּנָה בּוֹנֶה מָנוֹת נוֹרָא נֶהָג נֶגֶב נֶשֶׁר נָשִׁיר

נוֹשֶׁבֶת בִּינָה נוֹמַר נִשְׁמָתוֹ נוֹלַדְתִּי לִנְהוֹג נְדָבוֹת

Please read the following exercise (Exercise 49, lines 1-3):

נ נְ נַ נָ נֶ נוֹ נִ נִי בְּנִי בְּנוֹ אֲנִי תְּנִי גַּנּוֹ בְּגַנִּי נָא

נָבִיא בָּנָה בּוֹנֶה מָנוֹת נוֹרָא נֶהָג נֶגֶב נֶשֶׁר נָשִׁיר

נוֹשֶׁבֶת בִּינָה נוֹמַר נִשְׁמָתוֹ נוֹלַדְתִּי לִנְהוֹג נְדָבוֹת

Writing Exercise 13: The כּ is written in Hebrew cursive script as follows:

כּ = כּ

Please use the space below to copy Exercise 54, lines 1-3, in cursive script.

כּ כְּ כַּ כָּ כֶּ כּוֹ כִּ כִּי כֵּ כֵּי כַּת כַּר כְּשֶׁ כַּד כְּמוֹ

כִּתָּה כּוֹתֵב כַּמָּה כִּנּוֹר כְּדֵי כִּכַּר כָּשֵׁר כְּאֵב

הָרַכֶּבֶת רַכָּה כַּדּוֹמֶה כְּתוֹבֶת הַכָּבוֹד לַכְּבִישׁ כַּנִּרְאֶה

____

____

____

Please read the following exercise (Exercise 54, lines 1-3):

כּ כְּ כַּ כָּ כֶּ כּוֹ כִּ כִּי כֵּ כֵּי כַּת כַּר כְּשֶׁ כַּד כְּמוֹ

כִּתָּה כּוֹתֵב כַּמָּה כִּנּוֹר כְּדֵי כִּכַּר כָּשֵׁר כְּאֵב

הָרַכֶּבֶת רַכָּה כַּדּוֹמֶה כְּתוֹבֶת הַכָּבוֹד לַכְּבִישׁ כַּנִּרְאֶה

Writing Exercise 14: The וּ is written in Hebrew cursive script as follows:

וּ = וּ

Please use the space below to copy Exercise 58, lines 1-3, in cursive script.

וּ בּוּ הוּ דוּ גוּ כּוּ לוּ אוּ רוּ תּוּ תוּ מוּ נוּ בוּ כוּ

לוּל תַּלְמוּד בּוּבָּה רוּת בָּלוּל תְּמוּנוֹת גָּמוּר הוֹדוּ

אָהוּב דוּבָּה שׁוֹרָה בָּרוּר שׁוּלַמִית הַגִּלְגּוּל שְׁמוּרוֹת

Please read the following exercise (Exercise 58, lines 1-3):

וּ בּוּ הוּ דוּ גוּ כּוּ לוּ אוּ רוּ תּוּ תוּ מוּ נוּ בוּ כוּ

לוּל תַּלְמוּד בּוּבָּה רוּת בָּלוּל תְּמוּנוֹת גָּמוּר הוֹדוּ

אָהוּב דוּבָּה שׁוֹרָה בָּרוּר שׁוּלַמִית הַגִּלְגּוּל שְׁמוּרוֹת

Writing Exercise 15: The ם is written in Hebrew cursive script as follows:

ם = ם

Please use the space below to copy Exercise 59, lines 2-4, in cursive script.

מֶם נָם לָהֶם מִלִים הָהֵם אִמָּם אֵלִים אָדוֹם בַּמָּרוֹם

רוֹשֵׁם מוֹרָתָם דָרוֹם בָּנִים לְדוֹדָם הַתַּלְמִידִים אַתֶּם

הַמוֹנָם גְמֶגֶם בְּשָׁלוֹם בְּרִיתָם שִׁלְשׁוֹם בְּבוֹאָם רַמְכַּם

Please read the following exercise (Exercise 59, lines 2-4):

מֶם נָם לָהֶם מִלִים הָהֵם אִמָּם אֵלִים אָדוֹם בַּמָּרוֹם

רוֹשֵׁם מוֹרָתָם דָרוֹם בָּנִים לְדוֹדָם הַתַּלְמִידִים אַתֶּם

הַמוֹנָם גְמֶגֶם בְּשָׁלוֹם בְּרִיתָם שִׁלְשׁוֹם בְּבוֹאָם רַמְכַּם

Writing Exercise 16: The פּ is written in Hebrew cursive script as follows:

פּ = פּ

Please use the space below to copy Exercise 62, lines 2-4, in cursive script.

פּוּל פְּרוּ פְּנֵי פִּתּוֹת פָּתַר פּוֹנֶה פֵּאוֹת פֵּרוֹת פְּאֵר

בַּפִּינָה פָּנָה פִּתְאוֹם בַּפָּרָשָׁה פּוּרִים הַפֶּלֶא פָּנִים

פּוֹגְשִׁים פְּגִישָׁה בַּפֶּה שִׁפּוּר אַפּוֹ אַשְׁפָּה מִתְפַּלֵּל

Please read the following exercise (Exercise 62, lines 2-4):

פּוּל פְּרוּ פְּנֵי פִּתּוֹת פָּתַר פּוֹנֶה פֵּאוֹת פֵּרוֹת פְּאֵר

בַּפִּינָה פָּנָה פִּתְאוֹם בַּפָּרָשָׁה פּוּרִים הַפֶּלֶא פָּנִים

פּוֹגְשִׁים פְּגִישָׁה בַּפֶּה שִׁפּוּר אַפּוֹ אַשְׁפָּה מִתְפַּלֵּל

Writing Exercise 17: The ע is written in Hebrew cursive script as follows:

ע = ע

Please use the space below to copy Exercise 65, lines 2-4, in cursive script.

עַם עֵד עוֹד עוֹר עִיר עוֹל עָנָה עוּגָה לְעַמִּי שַׁעַר

עוֹלָם עָרִים עוֹנָה עִלֵּם עָרוֹם עֶרֶב עֶלֶם עוֹמֵד

עִתִּים תֵּשַׁע שְׁמַע שׁוּעָל עֲנָבִים נָעִים עִבְרִית עָתִיד

____

____

____

Please read the following exercise (Exercise 65, lines 2-4):

עַם עֵד עוֹד עוֹר עִיר עוֹל עָנָה עוּגָה לְעַמִּי שַׁעַר

עוֹלָם עָרִים עוֹנָה עִלֵּם עָרוֹם עֶרֶב עֶלֶם עוֹמֵד

עִתִּים תֵּשַׁע שְׁמַע שׁוּעָל עֲנָבִים נָעִים עִבְרִית עָתִיד

Writing Exercise 18: The ן is written in Hebrew cursive script as follows:

ן = ן

Please use the space below to copy Exercise 71, lines 2-4, in cursive script.

תֵּן נָתַן כַּאן לָבָן אַתֶּן אָרוֹן אָדוֹן עִתּוֹן שָׁעוֹן מָלוֹן

שֵׁן דָּן מֵבִין מָגֵן שִׁכּוּן הָמוֹן אֵילוֹן גּוֹרֶן עִפָּרוֹן

שִׁמְעוֹן אַהֲרוֹן רִאשׁוֹן דִּבְרֵיהֶן מִתְלוֹנֵן בְּתֵאָבוֹן

Please read the following exercise (Exercise 71, lines 2-4):

תֵּן נָתַן כַּאן לָבָן אַתֶּן אָרוֹן אָדוֹן עִתּוֹן שָׁעוֹן מָלוֹן

שֵׁן דָּן מֵבִין מָגֵן שִׁכּוּן הָמוֹן אֵילוֹן גּוֹרֶן עִפָּרוֹן

שִׁמְעוֹן אַהֲרוֹן רִאשׁוֹן דִּבְרֵיהֶן מִתְלוֹנֵן בְּתֵאָבוֹן

Writing Exercise 19: The ט is written in Hebrew cursive script as follows:

ט = ט

Please use the space below to copy Exercise 73, lines 1-3, in cursive script.

ט טַ טָ טְ טֶ טֵ טֵי טִ טִי טוֹ טוּ טַל טוֹב טֵה

הַבֵּט אַט עֵט נָטַע טָעָה טָעִים טַהֵר טַלִּית הַמָּטָר

טָמֵא עָטַר שְׁטָר שׁוֹטֵר טֶנֶה בַּשֶּׁלֶט לוֹט הַטַּעַם

Please read the following exercise (Exercise 73, lines 1-3):

ט טַ טָ טְ טֶ טֵ טֵי טִ טִי טוֹ טוּ טַל טוֹב טֵה

הַבֵּט אַט עֵט נָטַע טָעָה טָעִים טַהֵר טַלִּית הַמָּטָר

טָמֵא עָטַר שְׁטָר שׁוֹטֵר טֶנֶה בַּשֶּׁלֶט לוֹט הַטַּעַם

Writing Exercise 20: The ס is written in Hebrew cursive script as follows:

ס = ס

Please use the space below to copy Exercise 76, lines 1-3, in cursive script.

ס סַ סָ סְ סֶ סֵ סֵי סִ סִי סוֹ סוּ סוּס הֵסִיר סוֹד

לָסוּר סַם סַל סָר נֵס סַבָּל סֵרֵב סוֹבֵל הַכִּסֵּא סָבִיב

סִיר סוֹהַר מוּסָר פָּסוּל סֵדֶר סוֹגֵר מָטוֹס הַסַּפָּה

Please read the following exercise (Exercise 76, lines 1-3):

ס סַ סָ סְ סֶ סֵ סֵי סִ סִי סוֹ סוּ סוּס הֵסִיר סוֹד

לָסוּר סַם סַל סָר נֵס סַבָּל סֵרֵב סוֹבֵל הַכִּסֵּא סָבִיב

סִיר סוֹהַר מוּסָר פָּסוּל סֵדֶר סוֹגֵר מָטוֹס הַסַּפָּה

Writing Exercise 21: The פ is written in Hebrew cursive script as follows:

פ = פ

Please use the space below to copy Exercise 84, lines 1-3, in cursive script.

פַּ פָּ פְּ פֶּ פֵּ פֵּי פִּ פִּי פּוֹ פּוּ נָפְלָה גֶּפֶן נֶפֶשׁ

אֶפֶס בִּפְנִים אָפָה נִפְגָּשׁ גַּפְרוּר לְהַפְלִיא לִפְנוֹת

אֶפְשָׁר סָפַג עָפָר מוֹפִיעִים כְּתֵפָה רֶפֶת עָפָה

____

____

____

Please read the following exercise (Exercise 84, lines 1-3):

פַּ פָּ פְּ פֶּ פֵּ פֵּי פִּ פִּי פּוֹ פּוּ נָפְלָה גֶּפֶן נֶפֶשׁ

אֶפֶס בִּפְנִים אָפָה נִפְגָּשׁ גַּפְרוּר לְהַפְלִיא לִפְנוֹת

אֶפְשָׁר סָפַג עָפָר מוֹפִיעִים כְּתֵפָה רֶפֶת עָפָה

Writing Exercise 22: The ח is written in Hebrew cursive script as follows:

ח = ח

Please use the space below to copy Exercise 87, lines 1-3, in cursive script.

ח חַ חָ חְ חֶ חֵ חֵי חִ חִי חוֹ חוּ חֻ חוּם חָמַד

חַמָה נָח חַם חֵיל אָח שׁוּלַחַת שַׁחְמָט חָסֵר לֶחֶם

מָחָה הֶחְמִיר חַלָה חַג רֶחֶם חֵיפָה רְחוֹב רַחַמִים

____

____

____

Please read the following exercise (Exercise 87, lines 1-3):

ח חַ חָ חְ חֶ חֵ חֵי חִ חִי חוֹ חוּ חֻ חוּם חָמַד

חַמָה נָח חַם חֵיל אָח שׁוּלַחַת שַׁחְמָט חָסֵר לֶחֶם

מָחָה הֶחְמִיר חַלָה חַג רֶחֶם חֵיפָה רְחוֹב רַחַמִים

Writing Exercise 23: The ף is written in Hebrew cursive script as follows:

ף = ף

Please use the space below to copy Exercise 90, lines 1-3, in cursive script.

ף אַף דַּף כַּף בַּסּוֹף גּוּף תּוֹף נוֹף אֶלֶף הֶרֶף חוֹרֶף

כֶּסֶף הוֹסִיף בּוֹמַף אַשָּׁף מוּסָף טָרַף לֶאֱסוֹף הַטָּף

לוֹפֵף אִנֵּף סְנִיף שָׁתוּף רוֹפֵף אֶגְרוֹף רוֹדֵף מִשְׁתַּתֵּף

____

____

____

Please read the following exercise (Exercise 90, lines 1-3):

ף אַף דַּף כַּף בַּסּוֹף גּוּף תּוֹף נוֹף אֶלֶף הֶרֶף חוֹרֶף

כֶּסֶף הוֹסִיף בּוֹמַף אַשָּׁף מוּסָף טָרַף לֶאֱסוֹף הַטָּף

לוֹפֵף אִנֵּף סְנִיף שָׁתוּף רוֹפֵף אֶגְרוֹף רוֹדֵף מִשְׁתַּתֵּף

Writing Exercise 24: The ז is written in Hebrew cursive script as follows:

ז = ז

Please use the space below to copy Exercise 96, lines 2-4, in cursive script.

מַזָּל אוֹזֶן אָרַז זָרְעוּ זְמַן גֶּזֶר זוֹרֵם גְּזֵרוֹת רָזִים

מִזְנוֹן מֶזֶג הַזֵּר זַלְמָן גְּזָרִים הַזְמָנוֹת גַּרְזֶן מוּזֵיאוֹן

הֵיזִיזוּ וּזְמִירָתוֹ עָזַב שָׁזַל הִזְכַּרְתֶּן זְהִירוּת הִזְדַּמֵּן

____

____

____

Please read the following exercise (Exercise 96, lines 2-4):

מַזָּל אוֹזֶן אָרַז זָרְעוּ זְמַן גֶּזֶר זוֹרֵם גְּזֵרוֹת רָזִים

מִזְנוֹן מֶזֶג הַזֵּר זַלְמָן גְּזָרִים הַזְמָנוֹת גַּרְזֶן מוּזֵיאוֹן

הֵיזִיזוּ וּזְמִירָתוֹ עָזַב שָׁזַל הִזְכַּרְתֶּן זְהִירוּת הִזְדַּמֵּן

Writing Exercise 25: The ק is written in Hebrew cursive script as follows:

ק = ק

Please use the space below to copy Exercise 102, lines 1-3, in cursive script.

ק קַ קָ קְ קֶ קֵ קֵי קִ קִי קוֹ קוּ קֻ קַל קוֹל דַק

טֶקֶס קָם קַר קַשׁ קֵן נָקִי קֶרֶן פָּקַד מִקְרָא קָרִיר

קַפּוֹטָה נָשַׁק קְרָשִׁים קוֹרֵאת קַרְסוֹל קַרְקַע זְקֵנִים

____

____

____

Please read the following exercise (Exercise 102, lines 1-3):

ק קַ קָ קְ קֶ קֵ קֵי קִ קִי קוֹ קוּ קֻ קַל קוֹל דַק

טֶקֶס קָם קַר קַשׁ קֵן נָקִי קֶרֶן פָּקַד מִקְרָא קָרִיר

קַפּוֹטָה נָשַׁק קְרָשִׁים קוֹרֵאת קַרְסוֹל קַרְקַע זְקֵנִים

<u>Writing Exercise 26:</u> The **צ** is written in Hebrew cursive script as follows:

צ = 3

Please use the space below to copy Exercise 105, lines 1-3, in cursive script.

צ צַ צָ צְ צֶ צֵ צֵי צִ צִי צוֹ צוּ צֻ צַד צָם צֵל

צוּר צֵא מוֹצִיא יֵצֶר צֶדֶק צַעַר צֶבַע צָבָא צִיר צִיּוֹן

רִצְפָּה צִלְצֵל עָצוּר עָצֵל צְפִיפוּת בֵּצִים יְצִיאָה

____

____

____

Please read the following exercise (Exercise 105, lines 1-3):

צ צַ צָ צְ צֶ צֵ צֵי צִ צִי צוֹ צוּ צֻ צַד צָם צֵל

צוּר צֵא מוֹצִיא יֵצֶר צֶדֶק צַעַר צֶבַע צָבָא צִיר צִיּוֹן

רִצְפָּה צִלְצֵל עָצוּר עָצֵל צְפִיפוּת בֵּצִים יְצִיאָה

Writing Exercise 27: The שׁ is written in Hebrew cursive script as follows:

שׁ = ש

Please use the space below to copy Exercise 115, lines 1-3, in cursive script.

שׁ שַׁ שָׁ שְׁ שֶׁ שֵׁ שֵׁי שִׁ שִׁי שׁוֹ שׁוּ שֹׁ שֱׁ שָׁשׁ

שִׁישׁוּ שָׁם שַׁר שַׁק שִׁים עוֹשֶׂה יִשְׂרָאֵל שָׂעִיר שָׂפָם

יִשָׂא אָשִׁים מַעֲשִׂים מִשְׂרָה לִתְפֹּשׂ מַשָׂאִית נָשִׂיא

____

____

____

Please read the following exercise (Exercise 115, lines 1-3):

שׁ שַׁ שָׁ שְׁ שֶׁ שֵׁ שֵׁי שִׁ שִׁי שׁוֹ שׁוּ שֹׁ שֱׁ שָׁשׁ

שִׁישׁוּ שָׁם שַׁר שַׁק שִׁים עוֹשֶׂה יִשְׂרָאֵל שָׂעִיר שָׂפָם

יִשָׂא אָשִׁים מַעֲשִׂים מִשְׂרָה לִתְפֹּשׂ מַשָׂאִית נָשִׂיא

<u>Writing Exercise 28:</u> The ו is written in Hebrew cursive script as follows:

ו = ו

Please use the space below to copy Exercise 118, lines 1-3, in cursive script.

ו וַ וָ וְ וֶ וֵ וֵי וִ וִי ווֹ ווּ קַו וְעֵט וֶתֶק וְצַוָּאר וְהִוָּרֵשׁ

הִתְנַוָּה יָוָן זָוִית אַוָּז עָוָה דָּוִד וְדַיָּן אַוִּיר גִּיו עַוְלָה

הַגָּוִית עָווֹן דַּוָּר שָׁוֶה וֶרְדָה וְשָׁמְרוּ רַוָּק וְאוֹת תִּקְוָה

Please read the following exercise (Exercise 118, lines 1-3):

ו וַ וָ וְ וֶ וֵ וֵי וִ וִי ווֹ ווּ קַו וְעֵט וֶתֶק וְצַוָּאר וְהִוָּרֵשׁ

הִתְנַוָּה יָוָן זָוִית אַוָּז עָוָה דָּוִד וְדַיָּן אַוִּיר גִּיו עַוְלָה

הַגָּוִית עָווֹן דַּוָּר שָׁוֶה וֶרְדָה וְשָׁמְרוּ רַוָּק וְאוֹת תִּקְוָה

<u>Writing Exercise 29:</u> The כ is written in Hebrew cursive script as follows:

כ = כ

Please use the space below to copy Exercise 122, lines 1-3, in cursive script.

כִ כַ כָ כְ כֶ כֵ כֵי כִ כִי כוֹ כוּ כֻ כֹ לְכִי אָכֵן

אָכְלוּ מְכוֹנִית בֶכִי וּשְׁכוּנָה בְרָכָה לִכְבוֹד כָכָה

הוֹלֶכֶת נָכוֹן וְעֶכֶם מִיכָה בְכַמָה בָרֶכֶב הַתַכְלִית

____

____

____

Please read the following exercise (Exercise 122, lines 1-3):

כִ כַ כָ כְ כֶ כֵ כֵי כִ כִי כוֹ כוּ כֻ כֹ לְכִי אָכֵן

אָכְלוּ מְכוֹנִית בֶכִי וּשְׁכוּנָה בְרָכָה לִכְבוֹד כָכָה

הוֹלֶכֶת נָכוֹן וְעֶכֶם מִיכָה בְכַמָה בָרֶכֶב הַתַכְלִית

Writing Exercise 30: The ץ is written in Hebrew cursive script as follows:

ץ = ץ

Please use the space below to copy Exercise 126, lines 1-3, in cursive script.

ץ קֵץ עֵץ מִיץ רוּץ חוּץ נֵץ צִיץ קַיִץ מִקֵּץ אֶרֶץ

אָץ קִבּוּץ בַּבּוּץ לְהָקִיץ מִתְפּוֹצֵץ קוֹפֵץ חָרוּץ וּמַמְלִיץ

תָּמוּץ יַרְבִּיץ נָחוּץ לְגָהֵץ שֶׁרֶץ הֶחָלוּץ וְחָמֵץ בַּחוּץ

Please read the following exercise (Exercise 126, lines 1-3):

ץ קֵץ עֵץ מִיץ רוּץ חוּץ נֵץ צִיץ קַיִץ מִקֵּץ אֶרֶץ

אָץ קִבּוּץ בַּבּוּץ לְהָקִיץ מִתְפּוֹצֵץ קוֹפֵץ חָרוּץ וּמַמְלִיץ

תָּמוּץ יַרְבִּיץ נָחוּץ לְגָהֵץ שֶׁרֶץ הֶחָלוּץ וְחָמֵץ בַּחוּץ

Writing Exercise 31: The ך is written in Hebrew cursive script as follows:

ך = ך

Please use the space below to copy Exercise 133 in cursive script.

ך שֶׁלְּךָ מִמְּךָ שְׁלוֹמְךָ שְׁמֵךְ כָּמוֹךָ בָּךְ מַלְכוּתְךָ לָךְ

עֵינֶיךָ תּוֹרָתְךָ עַמֵּךְ לְבָבְךָ קְדֻשָּׁתְךָ תְּהִלָּתְךָ בְּשִׁבְתְּךָ

כַּדְּךָ שִׁירַיִךְ וּבְקוּמֶךָ לְבָבֵךְ בִּשְׁעָרֶיךָ בְּרַחֲמֶיךָ יָדָיִךְ

____

____

____

Please read the following exercise (Exercise 133):

ך שֶׁלְּךָ מִמְּךָ שְׁלוֹמְךָ שְׁמֵךְ כָּמוֹךָ בָּךְ מַלְכוּתְךָ לָךְ

עֵינֶיךָ תּוֹרָתְךָ עַמֵּךְ לְבָבְךָ קְדֻשָּׁתְךָ תְּהִלָּתְךָ בְּשִׁבְתְּךָ

כַּדְּךָ שִׁירַיִךְ וּבְקוּמֶךָ לְבָבֵךְ בִּשְׁעָרֶיךָ בְּרַחֲמֶיךָ יָדָיִךְ

READING WITHOUT VOWELS

READING HEBREW WITHOUT VOWELS

Modern Israeli Hebrew is written without vowels. The basic rules for reading unvocalized Hebrew are found in this section.

THE YŌD (י) IN AN UNVOCALIZED HEBREW TEXT

Whenever you encounter a **YŌD** (י) in an unvocalized text, the vowel under the consonant preceding the **YŌD** will generally be a **HEERIK** (ִ) .

Examples:

בּי is read בִּי

שֶׁלי is read שֶׁלִי

אימָא is read אִימָא

Exercise 136: Please read the following:

שׁירָה אֲני כּיתָה פְּרי היא שׁישׁי דיבּוּר רוּסי בְּני

תַלְמידי כּיפָּה סיפּוּר אָביב שׁירים לירוֹת עֲשׁירים

Occasionally, the vowel under the consonant preceding a **YŌD** will be a **TSEHREH** (ֵ) or a **SEHGŌL** (ֶ).

Examples:

אין is read אֵין

עָליךָ is read עָלֶיךָ

נירוֹת is read נֵירוֹת

Exercise 137: Please read the following:

איךְ סִפְרי בְּני לִפְני איפּוֹד הידָד אילַת שׂינָה איפֹּה

אימָה מוּזיאוֹן חיפָה מיאַין אירוֹפָּה תיאַטְרוֹן אינוֹ

PLEASE NOTE: When a **YŌD** replaces a **HEERIK**, **TSEHREH**, or **SEHGŌL** in an unvocalized text, there is no way to determine, merely by looking at the word, whether to read the vowel as a **HEERIK**, **TSEHREH**, or **SEHGŌL**.

For example, בני can be read בְּנִי or בְּנֵי . The context will provide the clues needed to determine which pronunciation is correct.

THE VAHV (ו) IN AN UNVOCALIZED HEBREW TEXT

Whenever you encounter a **VAHV** (ו) in an unvocalized text, the **VAHV** will generally be a **H̄OLAHM** (וֹ) .

Examples:

לו is read לוֹ

מורָה is read מוֹרָה

בּור is read בּוֹר

Exercise 138: Please read the following:

שָׁלום כּותֵב אורות לומְדות רְחובות לִימון לִיאור

שֶׁלו רִיבּונו הושִׁיעַ שְׁלומו בְּחִינָתו קִיבּוצו אותו

Occasionally, the **VAHV** will be a **SHOOROOK** (וּ).

Examples:

לו is read לוּ

מובָן is read מוּבָן

תַּלְמוד is read תַּלְמוּד

Exercise 139: Please read the following:

כָּתוב מְלומָד שׁולְחָן מוזְמָן רְאובֵן שׁולַמִּית תִּיקון

הַקִּיבּוץ וְרודָה חום שׁום-דָבָר סוכָּר כָּפּול יְהודָה

PLEASE NOTE: When a **VAHV** replaces a **HŌLAHM** or a **SHOOROOK** in an unvocalized text, there is no way to determine, merely by looking at the word, whether to read the vowel as a **HŌLAHM** or a **SHOOROOK**. For example, **לו** can be read **לוֹ** or **לוּ** . The context will provide the clues needed to determine which pronunciation is correct.

IF THERE IS NO VOWEL CUE, READ "AH"

Generally, if there is no **VAHV** or **YŌD** following a consonant, the vowel under that consonant is a **PAHTAHH** or a **QAHMAHTS**.

Examples:

שבת is read **שַׁבָּת**

אבא is read **אַבָּא**

Exercise 140: Please read the following:

אמר כלה חזן סבל ספה למד בדק רמז שמר

UNVOCALIZED CONSONANTS

Hebrew has unvocalized consonants which can be found in any position in a word - initial, medial, or final. We noted previously that consonants not followed by a **YŌD** (י) or a **VAHV** (ו) are often vocalized with a **PAHTAH̲H̲** (ַ) or a **QAHMAHTS** (ָ). When reading an unvocalized text, how does one know when to leave the consonant unvocalized, or when to insert the **PAHTAH̲H̲** or **QAHMAHTS?**

Example: Is **תמיד** read **תָּמִיד** or **תְּמִיד** ?

THE UNVOCALIZED FINAL CONSONANT RULE

The final consonant of most Hebrew words remains unvocalized.

Examples:

שׁוּלְחָן שַׁבָּת שָׁלוֹם דוֹד תַּלְמִיד כֶּלֶב

THE VOCALIZED PENULTIMATE CONSONANT RULE

If a word's final consonant is unvocalized, the penultimate (next to final) consonant will be vocalized.

Example:

תַּלְמִיד

[1] The final consonant **ד** is unvocalized.

[2] The penultimate consonant **מ** is vocalized (**מִי**).

IF THE FINAL CONSONANT IS A ה

If a word's final consonant is a ה, the vowel under the penultimate (next to the final) consonant will generally be a **QAHMAHTS** (ָ) or a **SEHGŌL** (ֶ) . If the noun is feminine, the vowel will be a **QAHMAHTS** (ָ) . If the noun is masculine, the vowel will generally be a **SEHGŌL** (ֶ) .

Examples:

אוֹפָה אוֹפֶה רוֹעֶה רוֹעֶה מוֹרָה מוֹרֶה

THE NO THREE VOCALIZED CONSONANTS IN A ROW RULE

Although there is no rule that will always enable one to correctly vocalize a consonant with a **PAHTAHH, QAHMAHTS,** or **SH'VAH,** there is one rule that is quite helpful - the **No Three Vocalized Consonants in a Row Rule.**

In general: if one encounters a word that contains four consonants, and if two of those consonants have vowel markers, the unmarked consonant and the final consonant will remain unvocalized.

Example:

גדולים

גדולים contains three syllables: **ג/דו/לים** .

[1] The **DAHLEHT** (ד) is followed by the vowel marker

HŌLAHM (וֹ)

[2] The **LAHMEHD** (ל) is followed by the vowel marker **YŌD** (י) .

[3] Since the **DAHLEHT** (ד) and the **LAHMEHD** (ל) are both vocalized, and since Hebrew does not generally permit three vocalized consonants in a row, the **GIMEHL** (גְ) must be unvocalized.

[4] Final consonants are generally unvocalized

[5] Thus, **גדולים** is pronounced **גְדוֹלִים** .

Exercise 141: Please read the following:

סליחה לומדים פוגשות אומרות רמיזה זמירות

גורמים כתובה רחובות מקומות צריכים בדיקות

EXCEPTION TO THE NO THREE VOCALIZED CONSONANTS IN A ROW RULE

There is one major exception to the **No Three Vocalized Consonants in a Row Rule**. When one adds a prefix or a suffix to a word, the **No Three Vocalized Consonants in a Row Rule** does not apply.

הַשַׁבָּת

When the prefix **הַ** (the) is added to the noun **שַׁבָּת** , the combined word is written **הַשַׁבָּת** . The **No Three Vocalized Consonants in a Row Rule** does not apply here because **הַשַׁבָּת** is a combination of two separate words, **הַ** and **שַׁבָּת** .

סַכִּינוֹ

When the suffix **וֹ** (his) is added to the noun **סַכִּין** , the combined word is written **סַכִּינוֹ** . The **No Three Vocalized Consonants in a Row Rule** does not apply here because **סַכִּינוֹ** is a combination of two separate words, **סַכִּין** and **וֹ** .

DOUBLE YŌD - DOUBLE VAHV

We have seen that, in an unvocalized Hebrew text, the **YŌD** serves as a vowel marker for the **HEERIK** (ִ), the **TSEHREH** (ֵ), and the **SEHGŌL** (ֶ). The **VAHV** serves as a vowel marker for both the **HŌLAHM** (וֹ) and the **SHOOROOK** (וּ).

The **YŌD** and **VAHV**, however, are also consonants in their own right. Use the following rules to determine when to read the **YŌD** and **VAHV** as vowel markers, and when to read the **YŌD** and **VAHV** as consonants:

[1] WHEN THE YŌD AND VAHV ARE VOWEL MARKERS, A SINGLE YŌD OR VAHV APPEARS IN THE TEXT.

Examples:

שיעורים שלומי כיפות סיפורים שלישי רחובות

[2] WHEN THE YŌD AND VAHV ARE CONSONANTS, THE YŌD AND VAHV ARE DOUBLED; THE CONSONANT YŌD IS WRITTEN (יי), AND THE CONSONANT VAHV IS WRITTEN (וו).

Examples:

דין is read דִין

דיין is read דַיָן

מורה is read מוֹרָה or מוֹרֶה

מצווה is read מִצְוָה

THE DAHGEHSH (DOT) IN A CONSONANT

Most Hebrew consonants can be written with or without a dot (**dahgehsh**) in the center. With three exceptions, the **dahgehsh** in the center does not affect pronunciation.

Examples:

Both ל and ל are pronounced **L** as in **BALL**.

Both מ and מ are pronounced **M** as in **SAM**.

However, in the ב / כ and פ, the presence of the **dahgehsh** (dot) does affect pronunciation.

ב = B   ב = V   פ = P   פ = F   כ = K   כ = <u>H</u>

NOTE: The **dahgehsh** never appears in an unvocalized text. Thus, the reader must know when to leave the **dahgehsh** out and pronounce the ב as **V**, or when to add the **dahgehsh** and pronounce the ב as **B**. The same holds true for the פ and the כ .

RULES FOR PLACING A DAHGEHSH (DOT) IN A CONSONANT

DAHGEHSH KAL

[1] With very few exceptions, the בּ / כּ and פּ are punctuated with a **dahgehsh** at the beginning of a word.

Examples: בַּיִת כֵּן פֹּה בַּת כָּאן פֶּה

[2] With very few exceptions, the בּ / כּ and פּ are punctuated with a **dahgehsh** following a "**consonant - vowel - consonant**" syllable.

Example:

מִשְׁפָּט

The noun מִשְׁפָּט is comprised of two syllables: מִשְׁ and פָּט .

[1] The first syllable, מִשְׁ , contains two consonants, a מ and a שׁ .

[2] The first consonant is vocalized (מִ).

[3] The second consonant is not vocalized (שְׁ).

[4] Thus, the syllable מִשְׁ is a "**consonant - vowel - consonant**" syllable.

[5] When a בּ / כּ or פּ follows a "**consonant - vowel - consonant**" syllable, that בּ / כּ or פּ takes a **dahgehsh.**

[6] Thus, the פּ that follows the "**consonant - vowel - consonant**" syllable מִשְׁ is punctuated with a **dahgehsh**.

[7] משפט is read מִשְׁפָּט

DAHGEHSH HAHZAHK

Most Hebrew consonants can be punctuated with a **dahgehsh hahzahk** if the following conditions are met:

[1] The consonant to be punctuated with a **dahgehsh hahzahk** is vocalized (it has its own vowel).

[2] The consonant preceding the consonant punctuated with a **dahgehsh hahzahk** must be vocalized with one of the following four short vowels

        a) **Pahtahh** [_]

        b) **Heerik** [.]

        c) **Kooboots Kahtahn** [ꞏꞏ]

        d) **Tsehreh** [..]

and must be unstressed / unaccented. (The speaker's voice does not fall on that consonant).

Example:

שַׁבָּת

The בַּ takes a **dahgehsh hahzahk** because all of the following conditions are met:

[1] The בַּ is vocalized with its own vowel (בָּ).

[2] The consonant preceding the בָּ is vocalized with a short vowel(שַׁ).

[3] The stress does <u>not</u> fall on the שַׁ . "SHAH-BAHT" is read SHAH-**BAHT**, not **SHAH**-BAHT.

[4] Since all of the aforementioned conditions were met, we place a

dahgehsh hahzahk in the בּ .

[5] שבת is read שַׁבָּת .

Note:

The following consonants do not take a **dahgehsh hahzahk**:

[1] **א**

[2] **ע**

[3] **ה**

[4] **ח**

[5] **ר**

ANSWER KEY

GUIDE TO TRANSLITERATION

CONSONANTS

1)   Most Hebrew consonants are equivalent in sound to our English consonants.

2)   Two Hebrew consonants, the **H̲awf** and the **H̲eht**, have no English equivalents. In modern Hebrew, each of these consonants is pronounced like the "ch" in **"Richter Scale"** or **"Sacher Torte."**   Both the **H̲awf** and the **H̲eht** will be transliterated **H̲** (an underlined H). The transliterated text will not indicate whether the consonant is a **H̲awf** or a **H̲eht**.

3)   The **Ahlehf** and the **Ahyin,** which are silent consonants, have no English equivalents. When an **Ahlehf** or **Ahyin** appears in a Hebrew text, only the vowel with which the **Ahlehf** or **Ahyin** is paired will appear in the answer key. The transliterated text will not indicate whether the silent consonant is an **Ahlehf** or an **Ahyin**.

VOWELS

Most Hebrew vowels are identical in sound to their English counterparts. The following system is used in this book for transliterating vowels:

[1]   (ַ) = **AH**   as in   RAH, SPA, FATHER

[2]   (ָ) = **AH**   as in   RAH, SPA, FATHER

[3]   (ֲ) = **AH**   as in   RAH, SPA, FATHER

[4]   (ָ) = **AW**   as in   SAW, PAW, DRAW

[5]   (ֶ) = **EH**   as in   BELL, FELL, TELL

[6]   (ֱ) = **EH**   as in   BELL, FELL, TELL

[7]   (ֵ) = **EH**   as in   BELL, FELL, TELL

[8]   (ִ) = **I**   as in   IT, IF, IS

[9]   (ֻ) = **OO**   as in   TOO, MOO, SUE

[10] (וּ) = **OO**   as in   TOO, MOO, SUE

[11] (ֹ) = **Ō**   as in   SO, GO, NO

[12] (וֹ) = **Ō**   as in   SO, GO, NO

[13] (ִי) = **EE** as in BEE, TREE, ME,

[14] (ַי) = **AI** as in THAI, FLY, MY

[15] (ֵי) = **AY** as in SAY, DAY, PLAY

[16] (וֹי) = **OY** as in TOY, BOY, COY

[17] (וּי) = **OOY** as in CHOP SUEY

EXERCISE 1:

Line 1: B B B B B B B B B B B B B B B B B B B

EXERCISE 2:

Line 1: Ah Ah Ah Ah Ah Ah Ah Ah Ah Ah Ah Ah Ah Ah Ah Ah Ah Ah

EXERCISE 3:

Line 1: Bah Bah Bah Bah Bah Bah Bah Bah Bah Bah Bah Bah Bah Bah Bah

Line 2: Bah B B Bah Bah B B B Bah B Bah Bah Bah B Bah

Line 3: Bahb Bah-bah B-bah B-b Bahb B-bah B-b B-bah Bahb Bah B B

EXERCISE 4:

בּ [בַּ] [בַּ] בּ בּ [בַּ] בּ [בַּ] [בַּ] [בַּ] בּ [בַּ] בּ [בַּ] בּ

EXERCISE 5:

Line 1: Bah Bah Bah Bah Bah Bah Bah Bah B Bah B Bah Bah B Bah

Line 2: Bahb Bah-bah B-b B-bah Bah-bah Bahb B-bah Bah-bah Bahb Bahb B-bah

EXERCISE 6:

Line 1: Eh Eh Eh Eh Eh Eh Eh Eh Ah Eh Eh Ah Ah Eh Eh Ah
Ah Eh Ah

Line 2: Eh Ah Ah Ah Eh Ah Eh Ah Ah Ah Eh Ah Eh Ah Ah Ah
Eh Ah Ah

EXERCISE 7:

LIne 1: Bah Bah B Beh Bah Beh Bah B Bah Bah Beh B Bah Beh
Bah

EXERCISE 8:

[1] BEH   בֶ   בָ   בְ   בֶ

[2] B   בְ   בָ   בְ   בֶ

[3] BAH   בְ   בָ   בְ   בֶ

EXERCISE 9:

Line 1: Bahb B-bah Bah-bah Beh-bah Bahb Beh-bah B-beh Behb
B-bah Bah-beh B-beh Bahb Bah-bah

Line 2: B-bah Bahb Beh-bah Bah-bah Behb B-beh Bah-bah Bahb
Bah-beh Bahb Beh-bah Bah-bah Bah-beh

Line 3: Behb B-bah Beh-bah Bah-beh Bahb B-bah Bah-bah Behb
Bahb Beh-bah Bah-bah Bahb B-beh

136

EXERCISE 10:

בָּבּ [בּבַּ] בַּבָּ בֶּבַּ בַּבּ בֶּבָּ בּבֶּ בּבֶּ בֶּבּ [בּבָּ] (בַּבֶּ) בַּבּ בַּבַּ

[בּבַּ] בָּבּ בֶּבָּ בָּבַּ בֶּבּ בּבֶּ בַּבָּ בַּבּ (בָּבֶּ) בָּבּ בֶּבַּ בָּבַּ (בַּבֶּ)

בֶּבּ [בּבָּ] בֶּבָּ (בַּבֶּ) בַּבּ [בּבָּ] בָּבָּ בֶּבּ בַּבּ בֶּבַּ בָּבַּ בָּבּ בּבֶּ

EXERCISE 11:

Line 1: B-bah Beh-beh Bah-beh Behb Bah-bah Bahb B-beh Bah-beh Bah-bah Beh-bah Bahb Bah-beh Beh-bah

Line 2: Behb Beh-bah Bah-bah B-bah Beh-bah Bah-beh Behb Bah-bah Bahb B-bah Bahb Beh-beh B-bah

EXERCISE 12:

[1] VEH	בָ	בָ	ב	בֶ
[2] V	בַ	בָ	ב	בֶ
[3] VAH	בַ	בָ	ב	בֶ

EXERCISE 13:

Line 1: Vahv V-vah Vah-vah Vah-vah Vahv Vah-vah V-veh Vehv V-vah Vah-veh V-veh Vahv

Line 2: V-vah Vahv Veh-vah Vah-vah Vehv V-veh Vah-vah Vahv Vah-veh Vahv Veh-vah Vah-veh Behv

Line 3: V-bah Veh-vah Bah-Bah Vahb V-vah Bah-vah Vehb Vahv Beh-vah Vah-vah Bahv Vah-vah Vahb

EXERCISE 14:

בָב [בַב] בָבַ בַבָ בַב בָבָ בֶב בֶב [בָב] בֶב (בַבֶ) בַב

[בַב] בָב בֶבָ בַבָ בֶב בֶב בַבָ בַב (בָבֶ) בָב בֶבַ (בָבֶ) בֶּב

בָּב בֶבָ בַבָּ בַּב [בָב] בָּבָ בֶּבּ בַב בֶּבַ בָבַ בָּב בָבָ בַבּ

EXERCISE 15:

Line 1: Ah Ah Eh Silent Eh Ah Ah Ah Silent Ah Eh Ah Ah Silent Ah Eh Silent

Line 2: Beh-vah Ah Veh-vah Eh Ah Bah-ah Eh-vah V Beh Eh Bah Ah Ah-bah Bah

Line 3: Bah-ah Ehv B-ah Ah-eh Vah-vah Ahv Bah Bahb Beh Beh-ah Eh-vah

Line 4: Beh-vah Bah-eh Bah-ah Eh-ah Eh-vah Ehv Bah-eh Bahb Behb Ah-beh Ah

EXERCISE 16:

אַ אָ אֶ א אֶ אָ אָ אַ א אַ אֶ אָ אַ א אַ אֶ א

בֶּבָ אָ בֶבַּ אֶ אַ בָּאָ אֶבַ ב בֶּ אֶ (בַּ) אַ אַבָּא (בָּא)

בָּאָ אֶב בּאָ אַאֶ בַבָ אָב (בָּא) בַּב בֶּא בֶּאָ אֶבָא

בֶּבָ [בַּאֶ] בָּאָ אֶאָ אֶבַ אֶב [בָּאֶ] בַּב בֶּב אַבֶּא אָ

EXERCISE 17:

Line 1: B B' Bah Bah Beh B' B Silent Eh Ah Ah Eh V V' Veh
Vah Vah B'

Line 2: Silent E̅h̅-vah B'-veh E̅h̅-veh B'-b Bah-eh Bah Ah-eh Bah-ah
B' Behv Bah-ah

Line 3: B̅e̅h̅-veh A̅h̅-bah V'-veh V'-ah Ah-beh Bahv Ahv Ehv B'-eh
Bahb V̅e̅h̅-ah Ahb

Line 4: B'-bah V'-bah Ahv B' V'-eh Ah-ah Eh B'-ah Ah-beh V'-ah
V'

EXERCISE 18:

EXERCISE 19:

Line 1: G' Geh Gah G' Geh Gah Gah G Geh Gah G' Geh Gah G'
Gah Silent Ah Ah Eh

Line 2: B B' Bah Bah Beh G Gah Gah Gah Bah Ah G' G'-geh
Gahg Vahg Ahg Ehg

Line 3: B̅e̅h̅g Bahg Gehg Ah-vah B̅e̅h̅-gah Gahg Gahg Gehg
E̅h̅-gehg Gah-behg E̅h̅-vehg B'-gah

Line 4: V'-bahg Gah-bah Bah-gahg G̅e̅h̅-bah Ah-gahv Ahg G'-bahv
V'-ehg B̅e̅h̅-gah Bah-ahg

Line 5: V'-geh Gah-gah Ah-gehv Bahb Behv Geh-ahg Ah-geh Bahg B'-ehg Bah-bah

EXERCISE 20:

ג גֶ גַ גְ גֶ גַ גָ ג גֶ גָ גְ גֶ גָ גְ גַ א אַ אָ אֶ

בּ בְּ בַּ בָּ בֶּ ג גַ גָ גַ בַּ אַ גְ גְגֶ גַג בַג אַג אֶג

בֶּג בַּג גֶג אָבָ בֶּגָ גַג גָג גֶג אֶגֶג גַבֶּג אֶבֶג בְּגָא

בְּבַג גַבָּא בַּגַג גֶבָּא אַגָב אָג גְבָב בְּאֶג בֶּגַא בַּאַג

בְּגֶא גַגָא אַגֶב בָּאבּ בֶּב גֶאָג אַגֶא בַּגְא בְּאֶג בַּבַּא

EXERCISE: 21

Line 1: D Dah Dah D' Deh Dah D' Dah D Dah D' Deh Dah Dah D' Deh Dah Dah D

Line 2: Dah Ahd Gahd Dahd Bahd Ahv Dahg Gah-ahv Dah-ahg Bah-dahd Dahd Ahv

Line 3: Ah-gehd Dahd Eh-dahg Ah-gahv B'-gehd G'-dahd Eh-gehd Beh-gehd Dahg Gah-dah

Line 4: Ah-vahd G'-ahd Deh-vehg Dehv B'-gahd G'-ehv Bah-gahg Gahv B'-ahv Gah-gehd Ehd

EXERCISE 22:

ד דַ דָ דְ דֶ דָ דְ דַ ד דַ דְ דֶ דָ דַ דְ דֶ דָ דַ ד

דָ אָד גָד דַד בָּד אָב דָג גָאַב דָאַג בָּדָד דַד אָב

אַגֶד דָד אֶדָג אַגָב בְּגֶד גְדַד אֶגֶד בֶּגֶד דָג גָדַא

אָבַד גְאָד דֶבֶג דֶב בְּגָד גְאֶב בָּגַג גַב בְּאָב גַגֶד אֶד

EXERCISE 23:

גֶ א בְ בַּ דֶ גְ דָ אַ ג גַ בֶּ אָ דְ בָ דַ גֶ בְּ אָ ב בְ גַ א בֶ גֶ דָ בַּ דֶ בָ

בֶּ גָ ד דְ בֶּ גֶ ד בְ גֶ אַ בַּ אָ בַ ד גַ דֶ בָּ א גְ דָ בַּ גַ ג בֶּ ג דְ ב אַ

EXERCISE 24:

Line 1: Hah Hah Heh Hah Heh Hah Hahv Hehd Hahg Hah Geh Dah Bah Hah-bahd

Line 2: Ah-gahg Hah-ah-bah Hah-ahv Hah-bah-ah Ah-hahd Hah-gehd Dah-ah-gah Dahg

Line 3: Hah-beh-gehd Hah-gah-dah Ah-gah-dah Hah-dahg Heh-dahd Ah-hahv Ah-hah-dah Hah-bah-dahd

Line 4: Hah-gah-dah Ah-heh-deh Ah-hah-vah Hah-eh-gehd Hah-vah Gah-ah-vah Hahv-hahv Gah-dah

EXERCISE 25:

הַ הָ הֶ הָ הֶ הַ הַב הֶד הַג הָא גֶה דַה בָּה הַבַּד

אָגַג הָאַבָּא הָאָב הַבָּאָה אָהַד הַגֶד דָאַגָה דַג

הַבֶּגֶד הַגָדָה אַגָדָה הַדָג הֶדַד אָהַב אַהָדָה הַבָּדָד

הַגָדָה אַהֶדָה אַהַבָה הָאֶגֶד הָבָה גַאַבָה הַבְהַב גַדָה

EXERCISE 26:

א ג ה ב ד ה ג ה בּ א ה ג ד ה ד ג בּ א ה ב ה ב ד ג ה א ד ב ג ב

ד ג א ג ד א ג ב א ה בּ ג ד ה א ג ד ה א ג בּ ה ד ג ה ב בּ א ד ה

SECTION ONE REVIEW

Line 1: Eh Ah Silent Ah Ah Eh Ah Silent Ah Eh Ah Silent Ah Eh Silent Eh Ah Ah Eh Ah

Line 2: B V D V Silent H V Silent B Silent D H V Silent G D Silent G

Line 3: Vah D' Eh Hah Gah Eh V' D' Ah Bah Veh G' Hah Vah Ah Deh Vah Bah

Line 4: Hah Geh B' Ah Deh Vah Hah Eh D' Vah Heh Bah Gah Eh D' Geh Vah V'

Line 5: B'-ah-hah-vah Heh-dahd Hah-ah-gah-dah Bah-gahg Ahv Beh-gehd D'-ah-gah Bah-dahg

Line 6: Hahv-hahv Ah-bah Ah-gahv Eh-gehd Bah-dahd Hah-dahg Ah-vahd Dah-ahg Hah-gahv

Line 7: Hah-hah-gah-dah Hah-gahg Hah-vah Heh-dahd Hah-bah-ah Ehd Ah-hahd Heh-geh Bah-gahg

EXERCISE 27:

Line 1: R Rah Rah R' Reh R' Rah Rah Reh Rah R' Rah Reh Rah R' R Bah Beh

Line 2: Ah Ah G' Geh Heh Hah Dah D' V' Vah Vah D' Bah Gah Bahr Gahr Dahr

Line 3: Rahv Rah-bah Gah-rah Bah-rah R'-eh Dahr-gah Rehd Hahr Eh-rehg Hah-bahr

Line 4: Ahr-beh Ah-gahv Dah-behr Reh-gah Hah-gahr Bah-rahd Ahr Ahg B'-rah-ah Rahd

Line 5: Hah-rah Hehr-eh Bahg-rah Gahv-rah Eh-gahr Hah-geh-vehr Gah-ahv Dah-bahr Dahg

EXERCISE 28:

ר רַ רָ רְ רֶ רְ רָ רַ רֶ רָ רְ רַ רֶ רָ רְ ר בָּ בֶּ

אַ אָ גְ גֶ הֶ הַ דָ דְ בְ בַ בָ דְ בָּ גַ בַּר גָר דָר

רָב רַבָּה גָרָה בָּרָא רְאֶה דַרְגָה רֶד הַר אָרֶג הַבָּר

אַרְבֶּה אַגָב דַבֶּר רֶגָה הַגָר בָּרָד אַר אַג בְּרָאָה רַד

הָרָה הֶרְאֶה בָּגְרָה גָבְרָה אֶגָר הַגֶּבֶר גָאַב דַבָּר דָג

EXERCISE 29:

Line 1: T T Tah Tah Tah Tah T' Vah Vah Veh Reh Deh Bah Ah G' Hah Gaht

Line 2: Daht Eht Baht Tahg Tah Teh Aht Taht Teht Geht Ah-tah

Line 3: Ah-tah Heh-tehr Eht-gahr T'-tah-ehr T'-dah-behr Tahr-beh Rah-baht Veht

Line 4: Bah-raht Bah-tahr Hah-baht T'-gah-rehd Ah-gah-daht Gah-aht Rah-baht G'-deh-raht

Line 5: Ah-hah-d'-tah Hah-rahv Reh-teht Gahr-tah Baht T'-vah-rehr Reh-deht Dahg-tah Tahv

EXERCISE 30:

ת תּ תַּ תַ תָּ תָ תְ בַ בָ בֶ רֶ דֶ בַּ אַ גְ הַ גַת

דַת אֶת בַּת תָּג תָּא תֶּה אַתְּ תַּת תֶּת גֶת אָתָא

אַתָּה הֶתֶר אֶתְגָר תְּתָאֶר תְּדַבֶּר תַּרְבֶּה רַבַּת בֶּת

בָּרַת בָּתַר הַבַּת תְּגָרֶד אַגָדַת גָאַתְ רַבָּת גְדֶרַת

אָהַדְתָּ הָרָב רֶתֶת גַרְתָּ בָּאת תְּבָרֵר רֶדֶת דַגְתָּ תָּב

EXERCISE 31:

Line 1: L L' Lah Lah L' Leh Ah Beh D Gah R' Veh Eh Rah Hah V' L Gahl

Line 2: Bahl Lah Lehv Ahl Ehl Tahl Lahg Rahl Lahg Lehl Lah L'-dah-behr

Line 3: Gahl-gahl Rahl-bahg L'-hah-gehr Lah-hahv B'-reh-gehl Lah-rahv Ahl Lah Beh-rehl

Line 4: Hah-lehl L'-gah-dehr Beh-hah-lah Lahg-lehg Lah-gahg Ehl-gahr Dahl Bahl Dehl Leh-vehd

EXERCISE 32:

ל לְ לַ לָ לְ לֶ אָ בֶּ ד גַ רְ בֶ אֶ רָ הַ בְ ל גַל

בַּל לָה לֶב אַל אֶל תַּל לָג רַל לַג לֶל לָה לְדַבֵּר

גַלְגַל רַלְבַּג לְהַגֶר לָהָב בְּרֶגֶל לָרַב אַל לָא בֶּרֶל

הַלֶל לְגָדֶר בֶּהָלָה לַגְלֶג לַגַג אֶלְגָר דַל בָּל דֶל לֶבֶד

EXERCISE 33:

אַ דֶ גָ תָּ דַ לָ ה בְ אֶ דַ גַ לְ גַ ל אֶ תֶּ גָ בַּ ת אַ גָ דְ לָ ה אַ דַ לֶ גֶ אָ ל

הַ רֶ ג דֶ ל אַ בָּ הֶ אָ הֶ רְ גֶ ל אַ בָּ הַ דָ לַ דַ ת אָ תַ ה תְּ בְ אֶ ת בְ דָ

EXERCISE 34:

Line 1: Bo O Do Ho Go Vo To Ro Lo Bo Tor Dov Ot

Line 2: Ho-veh Ho-do Ro-eh Hah-bor Dor L'-dor Ro-veh Hah-bo-geh-deht

Line 3: Rov Oh-heh-veht Ah-gah-dot O-rot Ro-ah Lah-to-rah Bo-dehd

Line 4: Hah-ah-go-rah Og Bo-d'-dot O-rah Hah-do-rot Lah-vo B'-vo-o Dod

EXERCISE 35:

בּוֹ אוֹ דוֹ הוֹ גוֹ בוֹ תוֹ רוֹ לוֹ בּוֹא תּוֹר דוֹב אוֹת

חוֹבֶה הוֹדוֹ רוֹאֶה הַכּוֹר דוֹר לְדוֹר רוֹבֶה הַבּוֹגֶדֶת

רוֹב אוֹהֶבֶת אֲגָדוֹת אוֹרוֹת רוֹאָה לַתּוֹרָה בּוֹדֵד

הָאֲגוֹרָה אוֹג בּוֹדְדוֹת אוֹרָה הַדּוֹרוֹת לָבוֹא בְּבוֹאוֹ דוֹד

EXERCISE 36:

א ג ה ת ל ד ו ה ת ו ר ה א ג ו ל ג ל ד ב ו ג ר א ו ד ג ה ר ד ב ג

ל א ה ו ת ל ד ג ת ו ה ב ר ד ל ה ב ב ו א ו א ו ד ה א ב ג ו ה ד

EXERCISE 37:

Line 1: M Mah Mah M' Meh Mo Mor Meh-rehd M'-od Mah Meh Bah-mah

Line 2: Mo-leh-deht Tah-mahr Ah-mot Do-meh Ah-mo-rah O-meh-reht Mo-rot

Line 3: Mo-ro Leh-mor Do-meh-meht Go-mehr Hah-gah-rot Ahl-m'-gor Hah-ah-dah-mot

Line 4: Hah-bo-rot Hah-meh-rehd M'-lo-o Hah-mo-reh Ahm-rah G'-mo-rah Lom-dot

EXERCISE 38:

מ מַ מָ מְ מֶ מוֹ מוֹר מֶרֶד [מְאוֹד] מַה מֶה בָּמָה

מוֹלֶדֶת תָּמָר [אֲמוֹת] דוֹמֶה [אֲמוֹרָה] אוֹמֶרֶת [מוֹרוֹת]

מוֹרוֹ [לֶאמוֹר] דוֹמֶמֶת [גוֹמֶר] [הֲגָרוֹת] [אַלְמְגוֹר] הָאֲדָמוֹת

הַבּוֹרוֹת הַמֶּרֶד [מְלוֹאוֹ] הַמּוֹרֶה [אָמְרָה] גְּמוֹרָה לוֹמְדוֹת

EXERCISE 39:

אֶ ר וֹ בְּ תַ גָ [מ וֹ ר וֹ ת] דְ בֶּ א וֹ [תְ א וֹ מ וֹ ת] הַ אֶ ר וֹ אַ בַּ גֶ לְ רְ מַ

הַ ר וֹ גְ דַ [מְ גָ רֶ דֶ ת] תַ לְ מ וֹ [גָ מְ רָ ה] ל וֹ בְּ הַ אֶ מְ ג תָ רֶ ת וֹ אָ וֹ

EXERCISE 40:

Line 1: Mo-deh-deht M'-tah-ah-rot Ahd-mor Hah-ah-gah-dot
Tah-mahr Hah-eh-meht Mah-rahr

Line 2: Mo-leh-deht M'-dah-lehg Hah-ah-dah-mot Hah-ah-hah-vah
M'-dah-beh-reht Hah-meh-rehd Bah-rahd

EXERCISE 41:

Line 1: Sh Shah Shah Sh' Sheh Sho Shahsh Shehsh Shahr Shehd
Dahsh Deh-sheh

Line 2: Hah-shehd Sho-rehsh B'-shah-baht Hah-shor Hah-gah-shahsh
Sh'-gah-gah Geh-shehr

Line 3: Sho-veh-reht Sheh-lo Ah-shehr M'-shahm-rot Sheh-lehg
Sh'-lo-mo Reh-sheht

Line 4: M'-shah-beh-reht Sho-tot Shah-rahv Sheh-veht Reh-gehsh
To-shahv Sho-meh-reht

EXERCISE 42:

שׁ שַׁ שָׁ שְׁ שֶׁ שׁוֹ שַׁשׁ שֶׁשׁ שָׁר שֶׁד דַּשׁ דֶּשֶׁא

הַשֶּׁד שׁוֹרֶשׁ בְּשַׁבָּת הַשּׁוֹר הַגָּשַׁשׁ שְׁגָגָה גֶּשֶׁר

שׁוֹבֶרֶת שֶׁלוֹ אֲשֶׁר מְשַׁמְּרוֹת שֶׁלֶג שְׁלוֹמוֹ רֶשֶׁת

מְשַׁבֶּרֶת שׁוֹתוֹת שָׁרָב שֶׁבֶת רֶגֶשׁ תּוֹשָׁב שׁוֹמֶרֶת

EXERCISE 43:

אֲ רֶ ת דָ שְׁ גֶ שׁ וֹ בֶ רֶ ת לַ אָ רְ גָ דַ הֶ לַ דֶ שֶׁ א מַ ה דָ בֶ הַ רְ גַ בֶּ דַ

בָּ הֶ ר הַ גָ שַׁ שׁ רֶ אָ מָ שְׁ מָ שׁ וֹ ת הֶ וֹ רַ בַּ ת הַ שֶׁ לָ וֹ דָ גְ אֶ מַ גֶ הָ

EXERCISE 44:

Line 1: Hah-ah-gah-dot Bah-bo-rot Hah-mo-rah L'-shah-baht
Lah-to-rah Sh'-ah-gah

Line 2: L'-lah-mehd Ah-hah-dah Hah-eh-meht Hah-g'-mah-rah
L'-ahsh-dod Sho-meh-reht M'-gah-dehl

Line 3: Mo-rot Go-meh-reht Go-mehl B'-ah-hah-vah Dah-ah-gah
L'-dah-lehg L'mah-shahl Ehl

Line 4: Sh'-eh-lah Av-dah Mah-mahsh Bah-tor L'-vah-ehr Ehg-dol
B'-rov Ah-gahv

Line 5: Go-meh-reht Hah-beh-gehd Mo-d'-dot Hah-hahr Mahl
Gah-dol O-heh-deht

Line 6: Bo-geh-deht Hah-ro-veh Mah-shahl Ahl Bah-gahg Ho-deh
Ho-reh L'-gah-behr

SECTION TWO REVIEW

Line 1: Eh Ō Ah Silent Eh Ah Ah Ō Ah Silent Ō Ah Eh Silent
Ō Eh Ō Ah Silent Ah Ō Eh

Line 2: B H R L G D M Sh Silent L D M R T T Silent G L

Line 3: M V H L G B Sh M Silent T B D T L R V L R

Line 4: Silent R Hō Rah G' Dah Meh Shō Ah L' Dah Mah Rō T'
Vah Leh Sh'

Line 5: Rah Mah Deh Gō Deh Hah Shah M' Tō Gah D' Lō Tah Eh
Hah T' Vō

Line 6: Gah Dō T' Rah Bah-gahd Lo-meh-deht Gahm-rah Shah-losh
Bah-rah Mah-mahsh

Line 7: Tō-rah Hah-mōl Shah-vahr Shō-ehv Tah-ah-vah Dō-eh-geht
Shah-mahr-tah

Line 8: T'-tah-ehr M'-gah-deh-leht Hahr-gah-shah Lah-vahsh B'-ehr
Mah-shahl To-dah Dor

EXERCISE 45:

Line 1: I Ee Li Lee Mi Mee Ti Tee I Ee Ri Ree Gi Gee Di Dee Bee

Line 2: Vi Shi B'-lee Ō-ree Ee-mah Rah-bee Dō-dee Gi-bor D'-lee
Sheh-lee Ree-vah

Line 3: Geer Shi-shah Mō-rah-tee Shee-rah-tee Shee-ree Ish-tee
B'-li-bee Shee-shee

Line 4: Liv-rō Mi-dah Shee-rah Mehm-shahl-tee Lee-o-rah
Lish-mo Gee-lah

148

EXERCISE 46:

. . י לִ לִי מִ מִי תִּ תִּי אִ אִי רִ רִי גִּ גִּי דִּ דִּי בִּי

בִּ שִׁ בְּלִי אוֹרִי אִמָּא רַבִּי דוֹדִי גִּבּוֹר דְּלִי שֶׁלִּי רִיבָה

גִּיר שִׁשָּׁה מוֹרָתִי שִׁירָתִי שִׁירִי אִשְׁתִּי בְּלִבִּי שִׁישִׁי

לִבְרוֹא מִדָּה שִׁירָה מֶמְשַׁלְתִּי לִיאוֹרָה לִשְׁמוֹ גִּילָה

EXERCISE 47:

בּאוֹרָ לִלְמוֹד גָרִי דוֹדִי מוֹרָה לִגְמוֹר בַּבתּמהבַר

גֶדָאוֹרָההְלֶל שְׁבִיתָ הלְמִידָהאוֹרַגֶלְלִיארתמָל

EXERCISE 48:

Line 1: Hah-bi-mah Mo-rah-to Hah-gi-bor Hah-i-mah Sheh-lee Sh'-lo-mee B'-gah-do

Line 2: Mahg-deel Hit-ah-hahv-tah Mi-gah-go To-rah-tee Sho-eh-leht Hah-gahl-gahl Mahv-deel

Line 3: Sh'-lo-mo Mit-lah-beh-sheht Big-lahl Ahv-dah G'-do-lah Bah-sheh-lehg

Line 4: Bah-mehm-shah-lah Mo-rah-to Eh-lah Tahl-mee-dah Dod Lah-mish-meh-reht

Line 5: Hah-eh-meht Hiv-dee-lah Sh'-mee-rah Bo-geh-reht Hig-deel Mahl-bee-shah

Line 6: Ho-rot Mah-shahl Sh'-mee M'-od Bah-deh-leht Ah-hah-dah Do-dah-tee L'-vah-rehr

Line 7: Hah-gah-leel Hahv-dah-lah Ah-mo-rah Deh-gehl L'-vah-dah Bee-lah Hah-i-shah

Line 8: Ish-to Tehl Ah-veev Tig-d'-lee Sh'-lee-sheet Shah-ah-lah Tahr-meel Gahl

EXERCISE 49:

Line 1: N N' Nah Nah Neh No Ni Nee B'-nee B'-no Ah-nee T'-nee Gah-no B'-gah-nee Nah

Line 2: Nah-vee Bah-nah Bo-neh Mah-not No-rah Neh-hahg Neh-gehv Neh-shehr Nah-sheer

Line 3: No-sheh-veht Bee-nah No-mahr Nish-mah-to No-lah-d'-tee Lin-hog N'-dah-vot

Line 4: Dah-nee Hah-mo-nee Ha-shah-rahv N'-lah-mehd Nah-vo M'-no-rah Hah-no-deh-deht Ah-nah

Line 5: Gah-neh-neht Shen-hahv Gahg Hah-nah-hahr Nah-gahr Mish'-nah-to Hah-nah-mehr Hah-bah-not

EXERCISE 50:

נ נְ נַ נָ נֶ נוֹ נִ נִי בְּנִי בְּנוֹ אֲנִי תְּנִי גַּנוֹ בְּגַנִי נָא

נָבִיא בָּנָה בּוֹנֶה מָנוֹת נוֹרָא נֶהָג נֶגֶב נֶשֶׁר נָשִׁיר

נוֹשֶׁבֶת בִּינָה נוֹמַר נִשְׁמָתוֹ נוֹלַדְתִּי לִנְהוֹג נְדָבוֹת

דָּנִי הַמּוֹנִי הַשָּׁרָב נְלַמֵּד נָבוֹא מְנוֹרָה הַנּוֹדֶדֶת אָנָה

גַּנֶּנֶת שֶׁנְּהַב גַּג הַנָּהָר נַגָּר מִשְׁנָתוֹ הַנָּמֵר הַבָּנוֹת

EXERCISE 51:

בַ לְ נִ בִ י מ ו אֶ נָ ב מְ נ וֹ רָ ה אַ גְ הֶ לַ בָ רִ י מְ ל וֹ נִ י אֶ מִ בֶ ל וֹ הָ

נַ שְׁ ג וֹ הַ נ וֹ רָ א ב וֹ נִ לַ מְ הֶ רִ גַ בְּ שְׁ בִ י ל אַ נִ שֶׁ ל וֹ נַ רֶ דָ אֶ רִ

EXERCISE 52:

Line 1: Eh Ay B Beh Bay H Heh Hay D Deh Day G Geh Gay R Reh Ray L

Line 2: Lay Sh Sheh Shay T Teh Tay L Leh Lay N Neh Nay M Meh May V

Line 3: Veh Vay Neh-ree Gehr Hehd Leh-vahv Layl Bayt Eh-leh Teh

Line 4: Tehl-ah-veev Mah-hehr Heh-mah Ahsh-ray Bo-ray Neh-rehd Neh-rot Hi-lehl

Line 5: Ahv-nay Go-mehr Shee-ray Hah-b'-ehr Neh-shehv M'-leh-ah Tehl-dee Sheh-mot

EXERCISE 53:

בֵּ גַ נָ נֵרוֹת לֶ אָ דָנִיאֵל בְּ מֶ הִתְנַהֵג אָ תֶ שֵׁינָה גַ בָ רֵ י
גַ

EXERCISE 54:

Line 1: K K' Kah Kah Keh Ko Ki Kee Keh Kay Kaht Kahr K'-sheh Kahd K'-mo

Line 2: Ki-tah Ko-tehv Kah-mah Ki-nor K'-day Ki-kahr Kah-shehr K'-ehv

Line 3: Hah-rah-keh-veht Rah-kah Kah-do-meh K'-to-veht Hah-kah-vod Lahk-veesh Kah-nir-eh

Line 4: Kahl-kah-lah Hahsh-kee-vee Lah-keh-lehv K'-vo-do Bah-kol Hah-keh-vehsh Mah-kot

EXERCISE 55:

כּ כְּ כַּ כָּ כֶּ כּוֹ כִּ כִּי כֵּ כֵּי כַּת כַּר כְּשֶׁ כַּד כְּמוֹ

כִּתָּה כּוֹתֵב כַּמָּה כִּנּוֹר כְּדֵי כִּכַּר כָּשֵׁר כְּאֵב

הָרַכֶּבֶת רַכָּה כַּדּוֹמֶה כְּתֹבֶת הַכָּבוֹד לַכְּבִישׁ כַּנִּרְאֶה

כַּלְכַּלָה הַשְׁכִּיבִי לַכֶּלֶב כְּבוֹדוֹ בַּכּוֹל הַכֶּבֶשׂ מַכּוֹת

EXERCISE 56:

אָכַּמוֹתָבֶּר הָאִכָּר נוֹ כְּבִישֶׁדוֹרֵ כּוֹתְבוֹת הֵבוֹשֶׁת

כֶּלֶתְּאָרֵגוֹבִי כַּאֲשֶׁר כִּכָּרדֵתְּלַאֶ מִשְׁכְּנוֹת וֹגָרָדֶא

EXERCISE 57:

Line 1: Hah-ki-nor Ko-teh-veht Hehr-gehl Sh'-vee-tah Rah-keh-veht
Tah-mahr Eh-gehd Gah-dehr

Line 2: Hah-kah-lah Tahl-meed Mo-rot Bah-ki-tah Sh'-lo-mo
Mo-ree Bi-tah Sheh-lehg

Line 3: Mahl-bee-shah Hah-g'-do-lah Gahl-gahl Shee-rah
Mah-ko-leht Hah-beh-gehd Gahr

Line 4: Kah-tahv Lay-lot M'-od Hah-lehl O-heh-veht Neer
Shah-ro-nah Hah-sh'-lee-shee

EXERCISE 58:

Line 1: Oo Boo Hoo Doo Goo Koo Loo Oo Roo Too Too
Moo Noo Voo Koo

Line 2: Lool Tahl-mood Boo-bah Root Bah-lool T'-moo-not
Gah-moor Ho-doo

Line 3: Ah-hoov Doo-bah Sho̅o-rah Bah-roor Shoo-lah-meet Hah-gil-gool Sh'-moo-ro̅t

Line 4: K'-e̅e̅-loo Hah-mo̅-nay Ah-goor Loo-lahv O̅o̅-ree Kah-door Lah-doog T'-mee-moot

EXERCISE 59:

Line 1: M Gahm Dahm Hehm Beem Bahm Ehm Shehm Rahm Shoom Shahm Tahm

Line 2: Mehm Nahm Lah-hehm Mi-leem Hah-hehm I-mahm Eh-leem Ah-dom Bah-mah-rom

Line 3: Ro̅-shehm Mo̅-rah-tahm Dah-ro̅m Bah-neem L'-do̅-dahm Hah-tahl-mee-deem Ah-tehm

Line 4: Hah-mo̅-nahm Gim-gehm B'-shah-lo̅m B'-ree-tahm Shil-sho̅m B'-vo̅-ahm Rahm-bahm

EXERCISE 60:

ם גַם דָם הֵם בִּים בַּם אֵם שֵׁם רָם שׁוּם שָׁם תָם

מֶם נָם לָהֶם מִלִים אֵלִים אִמָם הָהֵם אָדוֹם בַּמָרוֹם

רוֹשֵׁם מוֹרָתָם דָרוֹם בָּנִים לְדוֹדָם הַתַלְמִידִים אַתֶם

הַמוֹנָם גִמְגֵם בְּשָׁלוֹם בְּרִיתָם שִׁלְשׁוֹם בְּבוֹאָם רַמְבַּם

EXERCISE 61:

אָ מֶ נֵ שְׁ נֵ א ר וֹ הוֹ רִ י ם דֶ גֶ א וּ שׁ וֹ שְׁ נֵ י ם מִ נְ גָ דַ ר וֹ שֶׁ הַ א

ל וֹ נֵ יַ ג וֹ מִ נְ הָ גָ ם גְ דָ א וּ שֶׁ ל וֹ אַ ה וּ בָ תָ ם בִּ שׁ וּ רִ י אָ מֶ שׁ

EXERCISE 62:

Line 1: P P' Pah Pah Peh Pi Pee Peh Pay Po̅ Poo Peh Pahr Paht
Peel

Line 2: Pool P'-roo P'-nay Pi-to̅t Pah-tahr Po̅-neh Peh-o̅t Peh-ro̅t
P'-ehr

Line 3: Bah-pee-nah Pah-nah Pit-o̅m Bah-pah-rah-shah Poo-reem
Hah-peh-leh Pah-neem

Line 4: Po̅g-sheem P'-gee-shah (hard g) Bah-peh Shi-poor Ah-po̅
Ahsh-pah Mit-pah-lehl

EXERCISE 63:

Line 1: Mit-pah-leh L'-hi-pah-rehd Pil-pool Kah-nir-eh Rah-keh-veht
Mish-k'-no̅t

Line 2: K'-ehv Bah-ki-tah Eh-leem Shee-rahm Mig-dah-leem
Rah-shoom M'-dahb-reem

Line 3: Bish-vee-lahm Hah-hehd Lah-sheh-veht I-mahm Ho̅-vee-lahm
Shil-sho̅m T'-shoo-vah-to̅

Line 4: Hah-ah-hoo-vah L'-tahl-mee-deh-noo Hah-neh-hahg No̅-rah
L'-shah-lehm B'-vo̅-ahm

Line 5: Go̅m-ro̅t M'-nah-geh-neht Hah-shay-nah No̅sh-mo̅t
Hah-ki-pah Nah-dahr Bo̅-neem

EXERCISE 64:

נַהֶלוֹפָּשֶׁגָ לִנְהוֹג אָמְכָּ הַבְדָלָה לְדֶרְ בְּתוֹ

בְּאָפֶּלֶם לֵילוֹת בָּדַרְאִ י מִתְפַּלֵא בֶּשַׁמְפְּנֵ

תֶּרְגֵ דָהַבְ תְּשׁוּבָה לַפָּםאֶרְ בְּלוּלָה אַרֶשְׁ

נָהַתְאָמִ מַתָּנוֹת פָּכִדָרִפּוֹג כִּפּוֹת הַלֵהַמֶ

הַרֶאָדֶ גְדוֹל פָּכְגֵדִהָבָ כַּלְכָּלָה לָםפַּשֶׁאֱהַ

לְאוֹרִיגָדֶכֵּיפַּנְהֵבָתֵ הַגָדָה םשֶׁרִידוּגַבֶ

נָתָבִּלָרַבְתֶמְכַּגֵוֹשַׁ פֵּבֶ הָדֶ בִּינֵרְ גָםשְׁתַבָ

מָנָרִיפַּבֶּוּדָלִירֶהָכִּלָוּבֶ גָ נָאוֹמֶפָּהִילוֹמַ

EXERCISE 65:

Line 1: Ah Ah Eh Eh Ay I Ee Oo Ō Ahl Im Ahd Ahv Ehr

Line 2: Ahm Ehd Ōd Ōr Eer Ōl Ah-nah Oo-gah L'-ah-mee Shah-ahr

Line 3: Ō-lahm Ah-reem Ō'-nah I-lehm Ah-rōm Eh-rehv Eh-lehm Ō-mehd

Line 4: I-teem Teh-shah Sh'-mah Shoo-ahl Ah-nah-veem Nah-eem Iv'-reet Ah-teed

Line 5: Meh-ahl Shah-ōt Bah-ahl Nah-ahr Ah-vahr Oo-gōt Ool Shiv-eem

Line 6: B'-i-tō I-mah-noo-ehl P'-oo-lah Ah-lay-noo Shō-mōt Hah-kō-vah R'-gee-lah

EXERCISE 66:

עַ עָ עֶ עֵ עֵי עִ עִי עוּ עוֹ עַל עִם עַד עָב עֵר

עַם עֵד עוֹד עוֹר עִיר עוֹל עָנָה עוּגָה לְעַמִּי שַׁעַר

עוֹלָם עָרִים עוֹנָה עִלֵּם עָרוֹם עֲרֶב עֲלֶם עוֹמֵד

עִתִּים תֵּשַׁע שְׁמַע שׁוּעָל עֲנָבִים נָעִים עִבְרִית עָתִיד

מֵעַל שָׁעוֹת בַּעַל נַעַר עָבָר עוּגוֹת עוּל שִׁבְעִים

בְּעִתּוֹ עִמָּנוּאֵל פְּעוּלָה עָלֵינוּ שׁוֹמְעוֹת הַכּוֹבַע נְסִיעָה

EXERCISE 67:

בַ ע ו גֶ הָ בִ י רֵ אָ בַ עַ ל מֶ ת ו שֶׁ תְ לִ דֵ מָ אֵ ל גֶ רִ עָ ל ו מֵ

עֵ כ ו אָ גֵ ר מֵ עַ ל א ג ו הַ בֵ עִ י דוֹ לָ הַ בֵּ ת ו ע ו גָ ה ם שָׁ

EXERCISE 68:

Line 1: Hah-ki-nor Tish-ah G'-voo-rah Mah-rom Ki-pot
Ah-mi-nah-dahv To-rah-to Lee

Line 2: Sho-ehl Hah-im Boo-shah Shay-roo-teem Bah-pi-not
M'-shah-reht Sh'-vee-ee

Line 3: Ahv-rah-hahm Bay-tahm L'-nahm-nehm K'-vahr Po-eh-leht
Ah-sheer Meh-ah-ray

Line 4: Li-moo-deem Kid-vah-rahm Bo Shoo-rah Ahm-roo
P'-gee-shah Rahv To-dot

Line 5: Ehl Ahl I-good L'-or Hah-mahv-deel Li-mood Shah-baht
Shah-lom

LIne 6: Hah-ko-vah Sheh-lee P'-ree Peh-rot Peh-ot Ki-tah R'-ee
Hah-peel

Line 7: Pō-neem Tō-rah Ah-nah Tid-rōsh Pit-ōm K'-loom
D'-vah-reem Ehd

EXERCISE 69:

הַכִּנוֹר תִּשְׁעָה גְּבוּרָה מָרוֹם כִּפּוֹת עֲמִנָּדָב תּוֹרָתוֹ לִי

שׁוֹאֵל הַאִם בּוֹשָׁה שֵׁירוּתִים בַּפִּנוֹת מְשָׁרֵת שְׁבִיעִי

אַבְרָהָם בֵּיתָם לְנַמְנֵם כְּבָר פּוֹעֶלֶת עָשִׁיר מֵעָרֵי

לְמוּדִים כִּדְבָרָם בּוֹ שׁוּרָה אָמְרוּ פְּגִישָׁה רַב תּוֹדוֹת

אֶל עָל אִגּוּד לְאוֹר הַמַּבְדִּיל לְמוּד שַׁבָּת שָׁלוֹם

הַכּוֹבַע שֶׁלִּי פְּרִי פֵּרוֹת פֵּאוֹת כִּתָּה רְאִי הַפִּיל

פּוֹנִים תּוֹרָה אָנָא תִּדְרוֹשׁ פִּתְאוֹם כְּלוּם דְּבָרִים עֵד

EXERCISE 70:

לַ ע וּ כֶ דְ ג וּ הִ נ בֵ אָ רֵ ע שׁ ע וּ ר דִ גָ אַ ר וֹ שָׁ בָ ה וֹ נ גֶ ד

רֵ לוֹ נָ עַ ל וּ בֶ גְ גַ רִ א וֹ לַ ם עָ רִ י ם דְ שׁ ג וּ ע שׁ פּ וּ ר נָ ל

SECTION THREE REVIEW

Line 1: Silent Ah Ee Eh Oo Ō Ah Eh Silent Ah Ay I Oo Ah
Eh Ah Ō Ay Eh Ah Oo Ee

Line 2: N R G Silent L Sh M P H V T Silent P B R Sh K T

Line 3: L N G Silent M P K T V Silent K R M D H G Liv-nōt

Line 4: Leh-mōr Rō-gehsh Mahv-deel Tahr-boot K'-veh-doo-tō
Rō-teh-teht Rō-eem

Line 5: Shoo-rot Po-ah-leem Sho-eh-leht B'-gah-deem Mahl-bee-shah Root L'-shah-reht

Line 6: O-neh Ko-lehl Gah-dol Gi-bor Oosh-nah-yim Ki-no-rot Tahl-mood Bo-nah

Line 7: No-eh-leht Oo-mah-ko-leht Shiv-ah Lah-peed Rah-voo-ah Ee-mah Hi-keer

Line 8: Bah-mot T'-noo-ah Ah-ro-not May-hah-tahl-mood Hah-k'-too-vah Ri-gool

EXERCISE 71:

Line 1: N Behn Gahn Hehn Mahn Dahn Shehn Lahn Kehn Meen Pehn Ayn Min Noon

Line 2: Tehn Nah-tahn Kahn Lah-vahn Ah-tehn Ah-ron Ah-don I-ton Shah-on Mah-lon

Line 3: Shin Dahn Meh-veen Mah-gehn Shi-koon Hah-mon Ay-lon Go-rehn I-pah-ron

Line 4: Shim-on Ah-hah-ron Ri-shon Div-ray-hehn Mit-lo-nehn B'-teh-ah-von

EXERCISE 72:

כָּ ר וֹ אָ דֶ לְ ן כָּ א ן בְּ תֵּ י ע וּ פֵּ אָ שָׁ ב וּ עָ ה דָ גָ ן אֵ תְ בֶּ א

מָ דִ גַ ר וֹ אָ ן שָׁ ב וּ ע וֹ ן נֶ מֵ פ וֹ אֶ רְ א וּ בֵ ן שָׁ לְ בַ דֵ הָ ר

אָ ן דִ רֶ עֱ לַ א וּ ן ם שָׁ דְ רֵ ע יָ פֶּ ן א וֹ שׁ וּ ן רְ דֵ גַ כֶּ בָ גֶ נ

EXERCISE 73:

Line 1: T Tah Tah T' Teh Teh Tay Ti Tee Tō Too Tahl Tōv Teh

Line 2: Hah-beht Aht Eht Nah-tah Tah-ah Tah-eem Tah-hehr
Tah-leet Hah-mah-tahr

Line 3: Tah-meh Ah-tahr Sh'-tahr Shō-tehr Teh-neh Bah-sheh-leht Lōt
Hah-tah-ahm

Line 4: L'-mah-tah Oo-t'-hō-rah Bah-tehl Tah-oot Mish-paht
M'-tah-pehl Hah-beht

EXERCISE 74:

ט טַ טָ טְ טֶ טֵ טֵי טִ טִי טוֹ טוּ טַל טוֹב טֵה

הַבֵּט אַט עֵט נָטַע טָעָה טָעִים טָהֵר טַלִּית הַמָּטָר

טָמֵא עָטַר שְׁטָר שׁוֹטֵר טֶנֶה בַּשֶּׁלֶט לוט הַטַּעַם

לְמַטָּה וּטְהוֹרָה בָּטֵל טָעוּת מִשְׁפָּט מְטַפֵּל הַבֵּט

EXERCISE 75:

א ר ת ט ע ן י ש ט ב ע ו ת ה ט ל מ א ה ט ו ב ה נ י א ט ן מ נ

ש ט ר ג כ ל מ ט ע א ט ה ט ע י ם ל ט ל א י ג ט ע ו ת ל ע ר ג

EXERCISE 76:

Line 1: S Sah Sah S' Seh Seh Say Si See Sō Soo Soos Heh-seer
Sōd

Line 2: Lah-soor Sahm Sahl Sahr Nehs Sah-bahl Seh-rehv Sō-vehl
Hah-ki-seh Sah-veev

Line 3: Seer So-hahr Moo-sahr Pah-sool Seh-dehr So-gehr Mah-tos Hah-sah-pah

Line 4: Sahnd-lahr Hah-kees Mo-sahd Soo-lahm Si-poor S'-gahn Si-doo-ree Sah-gahr

EXERCISE 77:

ס סַ סָ סְ סֶ סֵ סֵי סִ סִי סוֹ סוּ סוּם הֵסִיר סוֹד

לָסוּר סַם סַל סָר נֵם סַבָּל סֵרֵב סוֹבֵל הַכִּסֵּא סָבִיב

סִיר סוֹהַר מוּסָר פָּסוּל סֵדֶר סוֹגֵר מָטוֹס הַסָּפָּה

סַנְדְּלָר הַכִּיס מוֹסַד סוּלָם סִפּוּר סְגָן סִדּוּרִי סָגַר

EXERCISE 78:

סַ בָ מֶ גִ סַ פָּ ח לְ אֲ ד וֹ מ וֹ הֵ לַ מ וּ סָ ר אָ שֵׁ דָ גִ רַ ת ס מ ט

לָ רָ בְּ סֵ דֶ ר שֶׁ פַּ טַ הֵ סֵ רֵ ב אָ ג וּ סָ בִ י ב הַ ס וֹ גֵ ר ד ה א

EXERCISE 79:

Line 1: Soo-lahm Oo-mah-beet Mit-pah-l'-leem Hahr-gah-shah Hahd'-lee Ro-eem Kah-pot

Line 2: Nah-shee-rah Sah-tahn L'-sah-rehv Ah-mehn Oo-t'-moo-nah Bo-ray Bah-gahn Tahl-mood

Line 3: Ho-veel Bah-o-lahm Mit-kah-seh No-t'-eem Hah-i-ton M'-vahl-behl

Line 4: So-g-rot Hah-ahv Tah-ahm R'-shee-mah Hah-hehm Hah-mo-neem Si-poo-ro

Line 5: Tahv-neet M'-nah-geh-neht I-pah-ron Sahv-lah-noot Hiv-deel Mah-tos Tah-sot

EXERCISE 80:

סוּלָם וּמַבִּיט מִתְפַּלְלִים הַרְגָשָׁה הַדְלִי רוֹאִים כַּפּוֹת

נָשִׁירָה סָטָן לְסָרֵב אָמֵן וּתְמוּנָה בּוֹרֵא בַּגַן תַּלְמוּד

הוֹבִיל בַּעוֹלָם מִתְכַּסֶה נוֹטְעִים הָעִתּוֹן מְבַלְבֵּל

סוֹגְרוֹת הָעָב טַעַם רְשִׁימָה הָהֵם הַמוֹנִים סִפּוּרוֹ

תַּבְנִית מְנַגֶּנֶת עִפָּרוֹן סַבְלָנוּת הִבְדִיל מָטוֹס טָסוֹת

EXERCISE 81:

תואגילג פסול טרבשןרתומולדהיפורנה

שןותולאגש המטוס שריהתגד לדוג טנגר

נסטכמןדס מעורב דתיםןה עולה עגאלוד

EXERCISE 82:

Line 1: Boo Voo Doo Goo Roo Oo Too Koo Loo Poo Shoo Noo Moo Hoo Oo Soo Too Too

Line 2: Hah-boo-bah M'-doo-bahr M'-soo-pahr M'-loo-mahd Hoo-kah Ah-doo-mah M'-shoo-lahsh

Line 3: Hoo-gahd Gahg M'-shoo-bahr Hahk-too-bah M'-noo-gahn L'-oo-mee M'-shoo-mahr M'-voo-shahl

Line 4: Koo-bahs Moosh-ahl M'-shoo-neh Moog-bahl Hahm-oo-sheh-reht Moo-kahr N'-doo-deem

Line 5: Poo-rah Room M'-roo-bah M'-roo-sahss Doog-mah-neet Oog-doo-lah M'-roo-meh

Line 6: M'-oor-gahn Roo-shahsh M'-oo-bahn M'-goon-dahr Moov-dahl Boos-tahn M'-roo-shahl

EXERCISE 83:

בֵּ בֵ דֵ גֵ רֵ אֵ טֵ כֵּ לֵ פֵּ שֵׁ נֵ מֵ הֵ עֵ סֵ תֵּ

תֵ הַכְּבָּה מְדַבֵּר מְסַפֵּר מְלַמֵּד הֵכָּה אֲדָמָה מְשַׁלֵּשׁ

הֵגֵד גַּג מְשַׁבֵּר הַכְּתֻבָּה מְנַגֵּן לְאֻמִּי מְשַׁמֵּר מְבַשֵּׁל

כֵּבֵס מְשָׁאֵל מְשַׁנֶּה מְגַבֵּל הַמְּאֻשֶּׁרֶת מֵכָר נְדָדִים

פֵּאֲרָה רֵם מְרַבָּה מְרֻסָּס דְּגָמָנִית וּגְדֻלָּה מִרְמָה

מְאֻרְגָּן רֵשֵׁשׁ מְאֻבָּן מְגֻנְדָּר מְבֻדָּל בְּסְתָן מְרֻשָּׁל

EXERCISE 84:

Line 1: Fah Fah F' Feh Feh Fay Fi Fee Fo Foo Nahf-lah Geh-fehn Neh-fehsh

Line 2: Eh-fehs Bif-neem Ah-fah Nif-gahsh Gahf-roor L'-hahf-lee Lif-not

Line 3: Ehf-shahr Sah-fahg Ah-fahr Mo-fee-eem K'-teh-fah Reh-feht Ah-fah

Line 4: Ah-sahf-tah Hah-mif-lah-gah Ah-fehl Ro-fay Nif-lah Ah-fee-loo Mi-so-fo

EXERCISE 85:

פַ פָ פְ פֶ פֵ פֵי פִ פִי פֹ פוּ נַפְלָה גֶפֶן נֶפֶשׁ

אֶפֶס בִּפְנִים אָפָה נִפְגַּשׁ גַּפְרוּר לְהַפְלִיא לִפְנוֹת

אֶפְשָׁר סָפַג עָפָר מוֹפִיעִים כְּתֵפָה רֶפֶת עָפָה

אָסַפְתָּ הַמִּפְלָגָה אָפֵל רוֹפֵא נִפְלָא אֲפִילוּ מִסּוֹפוֹ

EXERCISE 86:

בֵּן פֵּ אָ ד וֹ כָ לֶ אֶ פְ שָׁ ר גּוּפוֹת ר וֹ אִ נֵ מְ סַ ל הַ גֶ פִּ

מִ לָ הַסֵּפֶר מַ פָ כְ פֵּ לְאַפְשֵׁר אֶ פִּ י סַפְסָל הָ לֵ נָ אְ דְ

EXERCISE 87:

Line 1: H Hah Hah H' Heh Heh Hay Hi Hee Ho Hoo Hoo Hoom Hah-mahd

Line 2: Hah-mah Nah-h Hahm Hayl Ah-h Sho-lah-haht Shah-maht Hah-sehr Leh-hehm

Line 3: Mah-hah Hehh-meer Hah-lah Hahg Reh-hehm Hay-fah R'-hov Rah-hah-meem

Line 4: Tah-hah-nah Pah-hahd Lah B'-hehm-ah Lah-hahsh Nah-hoom Heh-rehv Ah-hah-ray

EXERCISE 88:

ח חַ חָ חְ חֶ חֵ חִ חֵי חִי חוֹ חוּ חֱ חוּם חָמַד

חַמָּה נָח חַם חֵיל אָח שׁוֹלַחַת שַׁחְמָט חָסֵר לֶחֶם

מָחָה הֶחְמִיר חַלָּה חַג רֶחֶם חֵיפָה רְחוֹב רַחֲמִים

תַּחֲנָה פַּחַד לַח בְּחֶמְאָה לָחַשׁ נָחוּם חֶרֶב אַחֲרֵי

EXERCISE 89:

אָ ג וֹ גִ תֶ עָ דְ רָ ח וּ ב הַ חָסֵר אִ י נ ס וֹ ם חֵיפָה וֹ ן דֶ חִ

מֶ עֵ אַ ט וֹ ם גֵ רִ נֵ כּ וֹ שְׁ רֵ לִ חַ עֵ חָ רֶ ה חֶרֶב ס פַּ הֶ רֱ א וּ

ז אָ רַ יֵ דֶ ג וֹ הִ מִ י רֵ כָּ שׁ וּ רְחוֹב דְ סָ פַּ מָחָה רִ גִ בָּ הֵ וּ

EXERCISE 90:

Line 1: F Ahf Dahf Kahf Bah-sof Goof Tof Nof Eh-lehf Heh-ref Ho-rehf

Line 2: Keh-sehf Ho-seef Boo-mahf Ah-shahf Moo-sahf Tah-rahf Leh-eh-sof Hah-tahf

Line 3: Lo-fehf I-nef S'-neef Shah-toof Ro-fehf Ehg-rof Ro-dehf Mish-tah-tehf

Line 4: Sahf Oo-meh-neef L'-hit-ah-lehf Oo-mahr-tehf Rah-ahf Mit-ahg-rehf Neh-gehf

Line 5: Tah-hah-leef Ko-sehf No-tehf Lah-noof M'-to-rahf Shah-doof Ah-toof

Line 6: L'-hit-hah-lef Si-loof Nis-tah-hehf Sah-eef Kah-nahf L'-his-to-fehf

Line 7: Oo-fee-lo-sof L'-of Hah-nof Li-poof Shi-toof Sho-lehf Moo-ahf Seh-lehf

EXERCISE 91:

ף אַף דַּף כַּף בַּסוֹף גּוּף תּוֹף נוֹף אֶלֶף הֶרֶף חוֹרֶף

כֶּסֶף הוֹסִיף בּוּמַף אַשָּׁף מוּסָף טָרַף לֶאֱסוֹף הַטָּף

לוֹפֵף אִנֵּף סְנִיף שָׁתוּף רוֹפֵף אֶגְרוֹף רוֹדֵף מִשְׁתַּתֵּף

סַף וּמֵנִיף לְהִתְעַלֵּף וּמַרְתֵּף רַעַף מִתְאַגְרֵף נֶגֶף

תַּחֲלִיף כּוֹסֶף נוֹטֵף לָנוּף מְטוֹרָף שָׁדוּף אָטוּף

לְהִתְחַלֵּף סִלּוּף נִסְתַּחֵף סָעִיף כָּנָף לְהִסְתּוֹפֵף

וּפִילוֹסוֹף לְעוֹף הַנּוֹף לִפּוּף שִׁתּוּף שׁוֹלֵף מוּעָף סֶלֶף

EXERCISE 92:

Line 1: Ah Aw Eh Aw Ah Eh Ah Aw Hah Rah Eh Hah Aw Heh
Aw Hah Vah Law

Line 2: Ah-nee Tah-ah-vod Hah-no-hah-geem Sho-ah-lot Leh-eh-hov
Aw-haw-leem Eh-moo-nah

Line 3: Hah-vah-nah Ah-vot Ah-dee-voot Maw-aw-mahd Heh-eh-lah
Ah-dah-mah Ah-tah-rah

Line 4: Aw-mahn Hah-fee-fah Beh-eh-meht Hit-gah-ahl-tee Ah-meer
Neh-eh-mahn

Line 5: Hah-vahr-boo-rah Eh-nosh Heh-heh-tee Mah-ah-veem
Heh-eh-vahd-tehn Hit-nah-hah-loo

Line 6: Neh-eh-gah-reem Nah-ah-leh Eh-lee-lee Ah-mahr-nahn
Hoo-ah-roo Hah-hah-mee shah Tish-ah-roo

Line 7: Mit-gah-ah-leem Mah-ah-mahs Hah-roo-got Heh-heh-tee-ah
Heh-eh-lee-moo Ah-maht-lah

EXERCISE 93:

Line 1: Mis-to-vehv Ro-eh Moo-tahv Bi-to Shee-rah Mo-rah-teh-noo
Do-dot

Line 2: Lah-ah-vor S'-fah-rahd Mit-bo-nehn Ah-vee-noo
Mahl-keh-noo Lah-bree-oot Mi-dot

Line 3: Shehl Leh-eh-hov Sh'-lee-shee B'-gah-no Hah-neh-gehv Ish-to
Seh-dehr Mah-tos

Line 4: Kah-tehf Go-rehm Lir-ot M'-soo-kahn Pah-sool Gahr-ee-neem
Ho-see-foo

Line 5: Tah-eem Hah-mish-paht Mah-ah-veh Lin-hog L'-fah-reht
Sahf-rahn Ko-teh-veht

EXERCISE 94:

מִסְתּוֹבֵב רוֹעֶה מוּטָב בִּתּוֹ שִׁירָה מוֹרָתֵנוּ דוֹדוֹת

לַעֲבוֹר סְפָרַד מִתְבּוֹנֵן אָבִינוּ מַלְכֵּנוּ לַבְּרִיאוֹת מִדּוֹת

שֶׁל לֶאֱהוֹב שְׁלִישִׁי בְּגַנוּ הַנֶּגֶב אִשְׁתּוֹ סֵדֶר מָטוֹס

כָּתֵף גּוֹרֵם לִרְאוֹת מְסֻכָּן פָּסוּל גַּרְעִינִים הוֹסִיפוּ

טָעִים הַמִּשְׁפָּט מַעֲבֶה לִנְהוֹג לְפָרֵט סַפְרָן כּוֹתֶבֶת

EXERCISE 95:

אֶ לֶ ף תְּ ל וּ נ וֹ תֵ י הֶ ן לְ שִׁ י רָ ת וֹ הֵ מ ו נִ י ם גֶ בַ נְ רִ א

שְׁ מ וּ רָ ה פְּ סַ נְ טֵ ר מְ לֵ אִ י ם עָ טַ ף כִּ מְ עָ ט בְּ לֶ סָ גַ ן

אַ בְ רָ הָ ם בְּ נֵ י בְּ רִ י ת טִ פּ וֹ ת מִ ן לְ אַ ט בֵּ י ן גְ הֵ נֶ ד

הַ סֵ פֶ ר הַ ד וֹ אָ ר מִ לִ י ם לְ שַׁ לֵ ם הַ בֵּ ט בַּ עַ ל שֶׁ רָ ן ט

EXERCISE 96:

Line 1: Z Zah Zah Z' Zeh Zeh Zay Zi Zee Zo Zoo Zahz Zahn
Zeh-rah Zeh Zoog Gah-zahr

Line 2: Mah-zahl O-zehn Ah-rahz Zahr-oo Z'-mahn Geh-zehr
Zo-rehm G'-zeh-rot Rah-zeem

Line 3: Miz-non Meh-zehg Hah-zehr Zahl-mahn G'-zah-reem
Hahz-mah-not Gahr-zehn Moo-zay-on

Line 4: Hay-zee-zoo Oo-z'-mee-rah-to Ah-zahv Shah-zahl
Hiz-kahr-tehn Z'-hee-root Hiz-dah-mehn

EXERCISE 97:

ז זַ זָ זְ זֶ זֵ זֵי זִ זִי זוֹ זוּ זָז זָן זֶרַע זֶה זוּג גָזַר

מַזָל אוֹזֶן אָרַז זֶרְעוּ זְמָן גֶזֶר זוֹרֵם גְזֵרוֹת רָזִים

מִזְנוֹן מֶזֶג הַזֵר זַלְמָן גְזָרִים הַזְמָנוֹת גַרְזֶן מוּזֵיאוֹן

הֵיזִיזוּ וּזְמִירָתוֹ עָזַב שָׁזַל הִזְכַּרְתֶּן זְהִירוּת הִזְדַמֵן

EXERCISE 98:

דַ סְ אוּ רִ י תֶ זָ אֶ ל עָ ז וֹ הַ ל ר נֵ י פִּ כָּ זוּ גְ מְזֵמָן רֶ שָׁ ה

יַ הַ זְ לֵ עַ י ר וֹ פֵ א זִ אָ לֶ פַּ זְאֵב ט וֹ ט סְ הִזְכַּרְתֶּם לַ פּ

אַ גֶ טָ לִ י זוֹהַר ס תֵ י ן הֶ מ וֹ שָׁ רֶ סַ טְ ר שֵׁ י עָ לָן בֶ נָ ע

EXERCISE 99:

Line 1: **Y Yah Yah Y' Yeh Yeh Yay Yi Yee Yo Yoo Yoo Yahd Yehsh Yahm Yom Dah-yahg Yah-ehl**

Line 2: **Yeh-lehd Y'-lah-deem Yo-shehv Yo-reh-deht Yo-mahn Yig-dahl Yah-ahr Yah-keh Yah-do Yah-shahr**

Line 3: **Yig-mor Y'-lah-mehd Yah-gee-doo Yi-shoov Y'-zahm-roo Yo-reh Yah-heed Y'-hoo-dee Sheer**

Line 4: **Ti-yehl Yo-ahv L'-yah-behsh Y'-ree-dah Shah-yah-rah Aw-ni-yah Rahd-yo Yah-feh Mah-ah-fi-yah**

EXERCISE 100:

י יַ יָ יְ יֶ יֵ יֵי יִ יִי יוֹ יוּ יֻ יָד יֵשׁ יַם יוֹם דַיָג יָעֵל

יֶלֶד יְלָדִים יוֹשֵׁב יוֹרֶדֶת יוֹמָן יִגְדָל יַעַר יַכֶּה יָדוֹ יָשָׁר

יִגְמוֹר יְלַמֵד יַגִידוּ יִשׁוּב יְזַמְרוּ יוֹרֶה יָחִיד יְהוּדִי שִׁיר

טִיל יוֹאָב לְיַבֵּשׁ יְרִידָה שִׁירָה אֲנִיָה רַדְיוֹ יָפֶה מַאֲפִיָה

EXERCISE 101:

אָ דִ י כְ ר וּ דִ יַ חֶ ם זֵ דַ יֶ לֶ ת פָּ שֶׁ עֶ לֶ יִ שׁ וּ ב אָ פּ וּ סֵ בָ ב

מַ טְ ר וּ בֵ הֻ בַּ יִ ת יַ כָּ ר וּ לְ דַ יַ לְ ד וּ ת רַ סִ אָ טִ פֵּ ל סֶ לַ ה

נֶ הַ ר וּ אֱ לַ ם ן ס וּ טִ יֵ ל אַ דִ הֶ מְ נְ כַ ת בֵ א וּ ל דֶ רֵ י רַ ס

EXERCISE 102:

Line 1: K Kah Kah K' Keh Keh Kay Ki Kee Kō Koo Koo Kahl Kōl Dahk

Line 2: Teh-kehs Kahm Kahr Kahsh Kehn Nah-kee Keh-rehn Pah-kahd Mik-rah Kah-reer

Line 3: Kah-pō-tah Nah-shahk K'-rah-sheem Kō-reht Kahr-sōl Kahr-kah Z'-keh-neem

Line 4: Dik-dook Rahk Kōr Kee-pōd Kōl-nō-ōt Kah-dee-mah Mook-dahm

Line 5: Oo-sh'-keh-deem Ahs-kahn K'-ah-keem Kahr-mahr Kah-rahn Y'-rah-kōt Ki-yehm Pick-pook

EXERCISE 103:

ק קַ קָ קְ קֶ קֵ קֵי קִ קִי קוֹ קוּ קֻ קַל קוֹל דַּק

טֶקֶס קָם קַר קַשׁ קֵן נָקִי קֶרֶן פָּקַד מִקְרָא קָרִיר

קַפּוֹטָה נָשַׁק קְרָשִׁים קוֹרֵאת קַרְסוֹל קַרְקַע זְקֵנִים

דִּקְדּוּק רַק קוֹר קִפּוּד קוֹלְנוֹעוֹת קַדִּימָה מוּקְדָּם

וּשְׁקֵדִים עַסְקָן קְאָקִים קָרְמַר קָרַן יְרָקוֹת קַיִם פִּקְפּוּק

EXERCISE 104:

ם א ג ע ר ן ו ש י ת ק ר י ע ן נ פ ק ר י ר ר י ק ר ע ה ד א מ ש ר

א ס י ן ק ו ר ג י ב מ ק ו מ ו ת נ ן ל ם ע ס ג ז ק ש ה ק ס ש ל א

א ג מ ד ש ו ש ק ר ו ה ג א נ ק ב ל ן ס ר ם א ה ב ת ל ה ב ר ד

EXERCISE 105:

Line 1: Ts Tsah Tsah Ts' Tseh Tseh Tsay Tsi Tsee Tsō Tsoo Tsoo Tsahd Tsahm Tsehl

Line 2: Tsoor Tseh Mō-tsee Yeh-tsehr Tseh-dehk Tsah-ahr Tseh-vah Tsah-vah Tsi-yehr Tsee-yōn

Line 3: Rits-pah Tsil-tsehl Ah-tsoor Ah-tsehl Ts'-fee-foot Beh-tseem Y'-tsee-ah

Line 4: Hah-tsah-yahd Pah-tsah Ni-tsah-hōn Ts'-dah-dee Pah-tseh-leht Ahts-bah-nee Tahk-tseev

Line 5: Yō-eh-tseht Yah-tsah Tsee-rah Ah-tsōt M'-roo-tseh Ts'-dah-kah Kee-tsōn Tsik-lōn

Line 6: Ehts-bah Tsah-rōd Hit-nahts-loot Kahm-tsahn Mif-tsahr B'-rah-tsōn Bits-hah-lah

EXERCISE 106:

צ צַ צָ צְ צֶ צֵ צֵי צִ צִי צוֹ צוּ צֻ צַד צָם צֵל

צוּר צֵא מוֹצִיא יֵצֶר צֶדֶק צַעַר צֶבַע צָבָא צִיֵּר צִיּוֹן

רִצְפָּה צִלְצֵל עָצוּר עָצֵל צְפִיפוּת בֵּצִים יְצִיאָה

הַצַּיָּד פָּצָה נִצָּחוֹן צְדָדִי פַּצֶּלֶת עַצְבָּנִי תַּקְצִיב

יוֹעֶצֶת יָצָא צִירָה אַצּוֹת מֶרְצֶה צְדָקָה קִיצוֹן צִקְלוֹן

אֶצְבַּע צָרוֹד הִתְנַצְּלוּת קַמְצָן מִפְצָר בְּרָצוֹן בִּצְהָלָה

EXERCISE 107:

Line 1: Shlo-mee B'-tif-ah-rah Ah-hoo-veem Oo-mehm-shah-lah
Eh-lehf Nik-son Nehr

Line 2: Hah-kah-tsahr Mig-dahl Shah-kehd Hit-lah-hah-voot
Hahm-tah-nah Ah-veev Rah-shoom

Line 3: Sh'-mah L'-sah-mehn Pah-keed Hiss-tahk-loot Oo-d'-vah-reem
K'-vah-rah Hi-sah-ron

Line 4: L'-shah-mehsh Zooz Mik-laht P'-rah-tee L'-hit-hah-tehn
D'-vahsh Ah-rah-meet Sheh-nee

EXERCISE 108:

שְׁלוֹמִי בְּתִפְאָרָה אֲהוּבִים וּמֶמְשָׁלָה אֶלֶף נִקְסוֹן נֵר

הַקָּצָר מִגְדָּל שָׁקֵד הִתְלַהֲבוּת הַמְתָּנָה אָבִיב רָשׁוּם

שְׁמַע לְסַמֵּן פָּקִיד הִסְתַּכְּלוּת וּדְבָרִים כְּבָרָה חִסָּרוֹן

לְשַׁמֵּשׁ זוּז מִקְלָט פְּרָטֵי לְהִתְחַתֵּן דְּבַשׁ אֲרָמִית שֵׁנִי

EXERCISE 109:

גוזכןשלםכצבאר תפקיד לכיש צל ם ע ה ג

ספגחבגיצע צבר ןהיסרס הסתדר ג א נ כ צ

דן שנים הוכל צבע גה יצא למד כלה םדגב

ען איםהוצלגני צרפת שכ לרקוד גי זצ י ס

EXERCISE 110:

Line 1: Do Go Ko O Yo Lo Ro O Po So Vo Ho No Mo Tso To To Zo

Line 2: Ko O-mehr Ko-dehsh Hah-zot Lo Ro-shehm Yah-rok Po Ah-dom Ko-tehl

Line 3: Hahr-tom Til-bo-sheht Oo-vah-o-hehl Lah-do-ahr Hah-kol Meh-hah-sho-rehsh Tsah-hov

Line 4: Bah-bo-kehr Ho-mehr Lig-mor Ho-rehv Hah-zo-hahr Liz-rok Do-fee Rov K'-to-veht

EXERCISE 111:

Line 1: Ah-noo M'-shah-leem Si-door Yah-ah-kov Ay-nay-noo Hah-zahn Ts'-ah-deem Rah-ehv

Line 2: O-nehsh Ehf-ro-not Ho-fehsh Hah-hee Lok-heem Ah-vahl Teh-neh Reh-gehl

Line 3: Hehn Nah-ah-ro Ko-sot Hit-hee-lah Hah-shah-ah Mah-sheh-hoo B'-ray-rah

Line 4: Mi-tot Deh-gehl To-sehs Leh-eh-roz L'-sah-rehk Sheh-b'-od Ah-hah-ray Gahf-roor

Line 5: Oo-mi-yahd Shim-shon Oz Mah-hah Ah-nah-sheem Lah-toos Yah-tsah-tee

Line 6: Meh-hah-ah-vo-dah L'-hah-kot Ahz'-voo Ho-vo Mah-hahr Ki-bahl-tee Hish-tah-dehl

EXERCISE 112:

עָנוּ מְשָׁלִים סִדּוּר יַעֲקֹב עֵינֵינוּ **חַזָּן** צְעָדִים רָעֵב

עֹנֶשׁ עֶפְרוֹנוֹת חֹפֶשׁ **הַהִיא** לוֹקְחִים אֲבָל טֶנֶא **רֶגֶל**

הֵן נַעֲרוֹ **כּוֹסוֹת** הִתְחִילָה **הַשָּׁעָה** מַשֶּׁהוּ בְּרֵירָה

מִטּוֹת **דֶּגֶל** תֹּסֶס לְאֶרֶז לְסָרֵק שֶׁבְּעוֹד **אַחֲרֵי** גַּפְרוּר

וּמִיָּד שִׁמְשׁוֹן עֹז מָחָה אֲנָשִׁים **לָטוּס** יָצָאתִי

מֵהָעֲבוֹדָה **לְחַכּוֹת** עָזְבוּ חוֹבוֹ **מָחָר** קִבַּלְתִּי הִשְׁתַּדֵּל

EXERCISE 113:

עָנוּ מְשָׁלִים **סִדּוּר** יַעֲקֹב עֵינֵינוּ חַזָּן צְעָדִים **רָעֵב**

עֹנֶשׁ עֶפְרוֹנוֹת חֹפֶשׁ הַהִיא **לוֹקְחִים** **אֲבָל** טֶנֶא רֶגֶל

הֵן נַעֲרוֹ כּוֹסוֹת הִתְחִילָה הַשָּׁעָה מַשֶּׁהוּ **בְּרֵירָה**

מִטּוֹת דֶּגֶל תֹּסֶס לְאֶרֶז לְסָרֵק **שֶׁבְּעוֹד** אַחֲרֵי גַּפְרוּר

וּמִיָּד שִׁמְשׁוֹן עֹז מָחָה אֲנָשִׁים לָטוּס **יָצָאתִי**

מֵהָעֲבוֹדָה לְחַכּוֹת **עָזְבוּ** חוֹבוֹ מָחָר קִבַּלְתִּי הִשְׁתַּדֵּל

EXERCISE 114:

Line 1: O-mehr Reh-kah Ah-yin Seh-fehr Yah-ahr Seh-lah Lah-yil Ho-fehsh Reh-mehz Eh-meht

Line 2: Oo-mah-yim Seh-tehr Kah-rah Nah-tahn Keh-rehsh
O-hehl Hah-shah-baht Beh-gehd Deh-gehl

Line 3: Ho-rehv Hah-heh-rehv Hah-mah Tah-yish Lah-keh-lehv
Bah-seh-reht Tsah-yid Lah-vahn Nah-vaht

Line 4: Neh-tsehr Hah-tsehr Hah-neh-veht Hah-lah-hahsh Nah-haht
Mi-ko-dehm Ho-mehr Hah-mor

Line 5: Sah-dahr Seh-dehr Heh-lehv Hah-lahv Heh-dehl Hah-dahl
Mo-tehn Mah-tahn Nah-mahl Nah-gahr

Line 6: Neh-gehr Mah-nah Mo-neh Moo-nah Mi-nah Eh-gehr
Ah-gahr Mah-gahr Hahm Meh-gehr

Line 7: Hah-mahd Heh-mehd Pah-gahr Peh-gehr Leh-shehm
L'-shehm Lah-teht Leh-teht Bah-lah

EXERCISE 115:

Line 1: S Sah Sah S' Seh Seh Say Si See So Soo S Soo Sahs

Line 2: See-soo Sahm Sahr Sahk Sim O-seh Yis-rah-ehl Sah-eer
Sah-fahm

Line 3: Yi-sah Ah-seem Mah-ah-seem Mis-rah Lit-pos Mah-sah-eet
Nah-see

Line 4: His-tah-kehr Sah-moo Yah-soot Say-vah Sah-son Sah-ray
B'-so-rah Sah-reed

Line 5: Tah-sees Nah-seeg Yis-oo So-gehv M'-sahr-teht I-sah-ron
Sah-hah-ron

EXERCISE 116:

שׁ שַׁ שָׁ שְׁ שֶׁ שֵׁ שֵׁי שִׁ שִׁי שׁוֹ שׁוּ שֹׁ שֱׁ שָׁשׁ

שִׁישׁוּ שָׁם שַׁר שַׁק שִׁים **עוֹשֶׂה** יִשְׂרָאֵל **שָׂעִיר** שָׂפָם

יִשָּׂא אָשִׁים מַעֲשִׂים **מִשְׂרָה** לִתְפֹּשׂ מַשָּׂאִית **נָשִׂיא**

הִשְׁתַּכֵּר **שָׂמוּ** יָשׁוּט שֵׂיבָה שָׂשׂוֹן **שָׂרֵי** בְּשׂוֹרָה **שָׂרִיד**

תָּשִׁישׁ **נַשִּׂיג** יִשְׂאוּ שׂוֹגֵב מְשַׂרְטֵט עִשָּׂרוֹן **שַׂהֲרוֹן**

EXERCISE 117:

Line 1: M'-vah-seh-reht M'-zoo-zah M'-kah-rehr Ehl-yōn S'-may-heem Moo-sahr Ōl Kehn

Line 2: Sahk Mis-tah-pehk Nif-sahk S'-ah-rōt Heh-rehf Hahf-gah-nah Nis-reh-feht

EXERCISE 118:

Line 1: V Vah Vah V' Veh Veh Vay Vi Vee Vō Voo Kahv V'-eht Veh-tehk V-tsah-vahr V'-hi-vah-rehsh

Line 2: Hit-nah-vah Yah-vahn Zah-veet Ah-vahz Ah-vah Dah-vid V'-dah-yahn Ah-veer Geev Ahv-lah

Line 3: Hah-gah-veet Ah-vōn Dah-vahr Shah-veh V'-roo-dah V'-shahm-roo Rah-vahk V'-ōt Tik-vah

Line 4: Gi-vehg Oog-vee-lahm K'-vee-tsah Gi-voon Tah-veet Vah-lahd Hit-vahd-oot Giv-nah

Line 5: Ah-vee-rōn Mitz-vah Hah-eh-vil Mit-nah-vah R'-vah-yah Vaht-rahn V'-tah-koot V'-gah-ah-vah

EXERCISE 119:

אַטִודַלְשֶׁפְּקָ מוֹל גִנָדֵסְטִיהֱכֶ נִפְּסָק מדַרֶכָה

סֵיאֲרִיכוֹאַ דֶגֶל דְהַפְּגָנָהשִׁי קֹדֶם רֵהָםלָבֶע

סֶקֻרהַשִׁמְלָהגִלָיוֹןעוֹשֶׁתֱמֵי לְשַׁמֵשׁ ורָ סֵפֶר

EXERCISE 120:

Line 1: Ah-veev Peev Ah-heev Ah-lahv Eh-lahv Yah-dahv D'-vah-rahv Rahg-lahv Tahl-mee-dahv

Line 2: Mah-ah-sahv Ah-vah-dahv B'-ree-yo-tahv V'-rah-hah-mahv Hah-see-dahv L'-fah-nahv Shool-hah-no-tahv

EXERCISE 121:

Line 1: Tahl-mood Ahp-lah-ton Hah-i-pah-ron Mish-kah-fah-yeem Lah-mo-reem Hah-sim-lah

Line 2: Mil-fah-nahv Bahk-book Seh-fehl Gi-lah-yon Shah-mah-yeem Ahr-nahk Hah-l'-loo-yah Peh-sehl

EXERCISE 122:

Line 1: Hi Hah Hah H' Heh Heh Hay Hi Hee Ho Hoo Hoo Ho L'-hee Ah-hehn

Line 2: Ahh-loo M'-ho-neet Beh-hee Oo-sh'-hoo-nah B'-rah-hah Lih-vod Kah-hah

Line 3: Ho-leh-heht Nah-hon V'-eh-hehs Mee-hah B'-hah-mah Bah-reh-hev Hah-tah-leet

Line 4: Oov-hehn V'-hah-lah Zih-ree Vah-yehl-hoo B'-hor L'-hah-behd Oh-lot Mahl-hoot

Line 5: Bahr-hoo Oo-m'-hee-ra Hah-mah-tay-vah Nih-nahs V'-hah-sahs Hah-l'-hah Leh-hehsh

Line 6: Tah-sheer Hah-hah-nah Moo-hahn R'-hoo-lah Bih-rah Hih-beed Meh-heen

Line 7: Tih-bo-seht S'-vah-hah Tah-see-sahn V'-shahh-voo Hah-nah-sah M'-hoo-pahl

EXERCISE 123:

כּ כַ כָ כְ כֶ כֵ כֵי כִ כִי כוֹ כוּ כֻ כֹ לְכִי אָכֵן

אָכְלוּ מְכוֹנִית בֶּכִי וּשְׁכוּנָה בְּרָכָה לִכְבוֹד כָּכָה

הוֹלֶכֶת נָכוֹן וְעָכֶם מִיכָה בְּכַמָּה בָּרֶכֶב הַתַּכְלִית

וּבְכֵן וְכַלָּה זִכְרִי וַיֵּלְכוּ בְּכוֹר לְכַבֵּד אוֹכְלוֹת מַלְכוּת

בָּרְכוּ וּמְכִירָה הַמַּכְתֵּבָה נִכְנָס וְכַסֵּס הֲלָכָה לֶכֶשׁ

תַּכְשִׁיר הֲכָנָה מוּכָן רְכֻלָּה בִּכְרָה הִכְבִּיד מֵכִין

תִּכְבֹּסֶת סְכָכָה תַּכְסִיסָן וְשָׁכְבוּ הַכְנָסָה מְכֻפָּל

EXERCISE 124:

זְ כּ מֵ י כֶ אוּ ר וַ א הִ בְ וֶ רֶ ד לֵ וִ י נֵ ס וַ יֹ א מֶ ר הֲ גָ ר תֵ צ

צֵ עֻ ט רָ לְ שְׂ פָ תָ י ו מְ בִ י רַ ה תֶ ר אָ לָ י ט שְׁ יִ דָ נֵ ז סַ פֶּ

שָׁ עֵ סֶ רַ אֹ טְ לְ הַ בְ דִ י ל נ פּ וַ יְ כַ ל הִ זָ סְ כֵ ר קַ מֶ ג מִ נ שַׁ

EXERCISE 125:

Line 1: Sh'-lee-hoot Lah-ah-vod M'-heh-rah Sahv-lah-noot Mahh-teh-vah Mee-roo-shah-lah-yim

Line 2: Oo-vih-lahl Ree-tsah Meh-hehs Oots-dah-kah Ko-vah-aht
B'-sim-hah Heh-hah-tahn

Line 3: Bah-tsaw-haw-rah-yim Hah-vee-tah Yah-fah Hah-shil-ton
Li-moo-dahv Hah-kee-root V'-eh-tseem

Line 4: Ah-veev Kah-lah-ni-yot L'-hah-teem B'-hahts-lah-hah
Lah-bri-oot Hah-mahr-tseh

Line 5: Bir-tsee-foot Ha-hahk-dah-mah V'-ah-yehf Mahh-sheer
B'-reh-sheet L'-hish-tah-lehm

EXERCISE 126:

Line 1: Ts Kehts Ehts Meets Roots Hoots Nehts Tseets Kah-yits
Mi-kehts Eh-rehts

Line 2: Ahts Ki-boots Bah-bots L'-hah-keets Mit-po-tsehts Ko-fehts
Hah-roots Oo-mahm-leets

Line 3: Tah-moots Yahr-beets Nah-hoots L'-gah-hehts Sheh-rehts
Heh-hah-loots V'-hah-mehts Bah-hoots

Line 4: Yo-ehts Ko-vehts Lo-tsehts Oo-mahg-hehts Pah-roots
Yah-oots Nim-rahts M'-oo-mahts

Line 5: Nits-noots Kah-mahts Boots Hit-ah-mehts Bits-behts
V'-no-tsehts Heh-eets Nah-foots

EXERCISE 127:

ץ קֵץ עֵץ מִיץ רוּץ חוּץ נֵץ צִיץ קַיִץ מִקֵּץ אֶרֶץ

אָץ קִבּוּץ בַּבּוּץ לְהָקִיץ מִתְפּוֹצֵץ קוֹפֵץ חָרוּץ וּמַמְלִיץ

תָּמוּץ יַרְבִּיץ נָחוּץ לְגָהֵץ שֶׁרֶץ הֶחָלוּץ וְחָמֵץ בַּחוּץ

יוֹעֵץ קֹבֶץ לוֹצֵץ וּמַגְהֵץ פָּרוּץ יָעוּץ נִמְרָץ מְאֻמָּץ

נִצְנוּץ קָמַץ בּוּץ הִתְאַמֵּץ בִּצְבֵּץ וְנוֹצֵץ הֵאִיץ נָפוּץ

EXERCISE 128:

Line 1: Ah Hah Loo-ahh Roo-ahh Sho-meh-ah Bo-leh-ah No-ahh
Pah-too-ahh Ko-reh-ah Po-geh-ah

Line 2: No-teh-ah Yah-reh-ahh Lo-keh-ahh Bo-keh-ah Sho-keh-ah
Meh-nee-ahh Po-reh-ahh Yo-deh-ah To-keh-ah

Line 3: V'-ni-tseh-ahh Sah-meh-ahh No-geh-ah Sho-leh-ahh
V'-yah-doo-ah V'-no-seh-ahh Bo-reh-ahh Lah-soo-ahh

Line 4: No-veh-ahh Tah-hoo-ahh Shah-moo-ahh Kah-voo-ah
Mo-shee-ah Hi-dee-ahh Lim-ro-ahh Lik-bo-ah

EXERCISE 129:

עַ חַ לוֹחַ רוּחַ שׁוֹמֵעַ בּוֹלֵעַ נֹחַ פָּתוּחַ קוֹרֵעַ פּוֹגֵעַ

נוֹטֵעַ יָרֵחַ לוֹקֵחַ בּוֹקֵעַ שׁוֹקֵעַ מֵנִיחַ פּוֹרֵחַ יוֹדֵעַ תּוֹקֵעַ

וְנִצֵּחַ שָׂמֵחַ נוֹגֵעַ שׁוֹלֵחַ וְיָדוּעַ וְנוֹסֵעַ בּוֹרֵחַ לָשׂוּחַ

נוֹבֵחַ תָּחוּחַ שָׁמוּחַ קָבוּעַ מוֹשִׁיעַ הִדִּיחַ לִמְרֹחַ לִקְבֹּעַ

EXERCISE 130:

Line 1:   Eh-lehf Y'-so-dee L'-vah-lot Koom-koom Shah-maht
          Sah-rahg Ro-teh-ahh

Line 2:   Pahr-peh-reht M'-hah-beh Pah-sool Hit-lah-behsh Mah-gehn
          Yo-mahn Mit-bah-tsehts

Line 3:   Rahm-bahm Hah-tsah-lah-haht Hit-nahv-dah Heh-sehd
          M'-nah-tseh-ahh Ah-nah-kah M'-do-heem

Line 4:   Yah-vahn V'-dah-aht L'-fahsh-pehsh B'-reh-hah
          Lah-tah-hah-nah M'-hoo-bahd Soo-lahm Oo-r'-eh

Line 5:   B'-no-geh-ah Nahh-shon Mahr-dah-aht Hahv-rah-kah
          Heh-rehsh P'-rah-heem Z'-mahn

Line 6:   V'-rits-pah K'-lee Mit-gahl-gehl Hah-vah-tseh-leht
          Mahm-tah-keem Ho-tsee Eh-lah

Line 7:   Liv-yah-tahn B'-ro-sho Soo-kahr Ehr Hahf-tah-ah Hish-eel
          Mah-hahr Hah-roots

Line 8:   L'-vah-shehl Nim-nah Hit-yah-root V'-seh-dehr
          Mahh-beh-reht Hi-pah-zon Oo-vil-tee

Line 9:   No-tahr Ko-eh-seht V'-ahz-vah Shit-hee Ah-lee-yah
          Hah-bahk-book Kee-kah-yon

Line 10: P'-rahs Hahf-gah-nah M'-fo-ahr M'-di-nee-yoot Ri-kooz
          V'-yom Ahm-tah-haht

Line 11: Hah-zah-rah Lah-hah-kot Nahk-dahn Ki-doom Pah-sahk
          K'-lo-mahr V'-o-mehd

EXERCISE 131:

Line 1:   H Lahh Bahh Mi-mehh I-mahh Sheh-lahh Ah-lah-yih
          Sh'-mehh Do-dah-tehh

Line 2: Moo-sah<u>h</u> Mi-tahl-mee-deh<u>h</u> Oo-m̄eh-leh<u>h</u> V'-shi-r̄ah-yi<u>h</u>
B'-yah-deh<u>h</u> Nis-mah<u>h</u> Eh-lah-yi<u>h</u>

EXERCISE 132:

Line 1: L'-<u>h</u>ah Mim-<u>h</u>ah Shim-<u>h</u>ah T̄o-raht-<u>h</u>ah Shehl-<u>h</u>ah
Tahl-mid-<u>h</u>ah D̄od-<u>h</u>ah Sh'-l̄om-<u>h</u>ah

Line 2: Ki-boots-<u>h</u>ah Goof-<u>h</u>ah M'-n̄o-raht-<u>h</u>ah Ah-r̄on-<u>h</u>ah
Sah-keen-<u>h</u>ah P'-kee-daht-<u>h</u>ah D'-vahr-<u>h</u>ah

EXERCISE 133:

Line 1: <u>H</u>ah Shehl-<u>h</u>ah Mim-<u>h</u>ah Sh'-l̄om-<u>h</u>ah Sh'-meh<u>h</u> Kah-m̄o-<u>h</u>ah
Bah<u>h</u> Mahl-<u>h</u>oot-<u>h</u>ah Lah<u>h</u>

Line 2: Ay-n̄eh-<u>h</u>ah T̄o-raht-<u>h</u>ah Ah-meh<u>h</u> L'-vah-v'-<u>h</u>ah
K'-doo-shaht-<u>h</u>ah T'-hi-laht-<u>h</u>ah B'-shiv-t'-<u>h</u>ah

Line 3: Kahd-<u>h</u>ah Shee-r̄ah-yi<u>h</u> Oov-k̄oo-meh-<u>h</u>ah L'-v̄ah-veh-<u>h</u>ah
Vish-ah-r̄eh-<u>h</u>ah B'-r̄ah-<u>h</u>ah-meh-<u>h</u>ah Yah-dah-yi<u>h</u>

EXERCISE 134:

Line 1: Ō-deh-kah Ah-r̄o-m'-m̄eh-kah Ah-vah-r'-<u>h</u>eh-kah
Vi-<u>h</u>oo-neh-kah Ahs-bee-eh-kah

EXERCISE 135:

Line 1: Oy Goy Ay-nai Rahg-lai Shee-rai Ah-lai B'-<u>h</u>ah-yai
Vai Eh-<u>h</u>ai Rah-ai Rah-ooy

Line 2: Sah-mooy Ooy Tah-looy Nah-sooy Pah-nooy Bah-nooy
Tsah-fooy Oo-mah-tai Oy Gi-looy Yah-dai

Line 3: I-looy M̄o-r̄o-tai Rah-tsooy Rah-b̄o-tai B'-vah-dai
Tsi-vooy Si-kooy Mish-pah-tai

EXERCISE 136:

Line 1: Shee-rah Ah-nee Kee-tah P'-ree Hee Shee-shee Dee-boor
Roo-see B'-nee

Line 2: Tahl-mee-dee Kee-pah See-poor Ah-veev Shee-reem Lee-rŏt
Ah-shee-reem

EXERCISE 137:

Line 1: Ayh Sif-ray B'-nay Lif-nay Ay-fŏd Hay-dahd Ay-laht
Shay-nah Ay-fō

Line 2: Ay-mah Moo-zay-ōn Hay-fah May-ah-yin Ay-rō-pah
Tay-aht-ron Ay-no

EXERCISE 138:

Line 1: Shah-lōm Kō-tehv Ō-rŏt Lō-m'-dŏt R'-hō-vŏt Lee-mŏn
Lee-or

Line 2: Sheh-lō Ree-bō-nō Ho-shee-ah Sh'-lō-mō B'-hee-nah-tō
Kee-boo-tsō Ō-to

EXERCISE 139:

Line 1: Kah-toov M'-loo-mahd Shool-hahn Mooz-mahn R'-oo-vehn
Shoo-lah-meet Tee-koon

Line 2: Hah-kee-boots V'-roo-dah Hoom Shoom-dah-vahr Soo-kahr
Kah-fool Y'-hoo-dah

EXERCISE 140:

Line 1: Ah-mahr Kah-lah Hah-zahn Sah-bahl Sah-pah Lah-mahd Bah-dahk Rah-mahz Shah-mahr

EXERCISE 141:

Line 1: S'-lee-hah Lōm-deem Pōg-shōt Ōm-rōt R'-mee-zah Z'-mee-rōt

Line 2: Gōr-meem K'-too-bah (or K'-too-vah) R'-hō-vōt M'-kō-mōt Ts'-ree-heem B'-dee-kōt

About The Author

Dr. Fern Margolis earned her bachelor's, master's and doctorate degrees in Hebrew and Semitics from UCLA. She also earned both a UCLA master's and doctorate in education.

Dr. Margolis lived and taught in Israel, published in the field of language teaching, wrote the Hebrew language curriculum for the Los Angeles Unified School District, and has taught Hebrew to students of all ages, including adults. For the past fifteen years, Dr. Margolis has taught Hebrew on the college level.